CAER Y LEVANTARSE

Ediciones Palabra

Madrid

© Pablo Roger Codinach, 2026
© Ediciones Palabra, S.A., 2026
Ronda del Caballero de la Mancha, 59 – 28034 Madrid
Telf. (34) 91 350 77 20 - (34) 91 350 77 39
www.palabra.es
palabra@palabra.es

Diseño de cubierta: Raúl Ostos
ISBN: 978-84-1368-576-2
Depósito Legal: M-5.625-2026
Printed in Spain - Impreso en España

PATER PABLO

CAER Y LEVANTARSE

12
RAZONES
PARA SEGUIR

CON PRÓLOGO DE **MARK WAHLBERG**

PALABRA

ÍNDICE

PRÓLOGO

Me hace mucha ilusión poder escribir estas sencillas líneas presentando el libro de mi amigo. Constatar la acción de Dios en nuestras vidas es algo muy bonito, pero no cansarse nunca de buscar al Señor es todavía mejor. En este libro podrás encontrar distintas vivencias y, muchas veces, sentirte identificado con las experiencias de los protagonistas.

El título es un fantástico lema de vida, la actitud humilde de levantarte, seguir adelante, luchar y nunca rendirte es clave en la vida. Yo lo he vivido. Hacer este camino acompañado de Dios es necesario. Él es tu fortaleza, Él te guía, Él te socorre, Él te perdona y Él no deja de amarte.

El peligro de sentirte apartado, olvidado o alejado de Dios por las razones que sean es una gran mentira y es el peor favor que te puedes hacer. Dios sale siempre a tu encuentro, Dios siempre te tiende la mano, Dios siempre te acogerá con cariño, Dios siempre te mirará con ternura. Basta abrirle tu corazón y dejarle entrar.

Las distintas experiencias que ha vivido mi buen amigo y hermano, el Padre Pablo, sin duda llenarán de luz a mucha gente. Deseo que este libro os ayude a encontrar el propósito de vuestra vida. Os dejo en manos de Dios y os pido una oración. ¡Sed fuertes!

Mark Wahlberg

INTRODUCCIÓN

Vivimos una vida, muchas veces, ajetreada, vamos de aquí para allá sin parar, tenemos la agenda llena de cosas, es posible que incluso hagamos esperar por llegar tarde, en fin… el día a día nos ofrece realidades apasionantes, otras tristes y algunas inesperadas.

Estas son nuestras vidas, y quiero pensar yo que son vidas maravillosas, mucho más bonitas que tristes, a pesar de las dificultades que podamos encontrar. Y lo más importante, son vidas llenas de ilusión, fuerza y ganas de compartir, donde todos, yo el primero, aprendemos de todos. Cuando te invade la tristeza, con razón o sin ella, es bonito poder contar con alguien a tu lado, alguien que te escucha y en ocasiones te aconseja. Ese alguien puede ser también algún protagonista de un libro; de hecho, las siguientes líneas buscan eso: ofrecer al lector una ayuda, un consejo, una oportunidad para mirar adelante con ilusión y confianza. Con este libro buscaré compartir, y es que cada uno de nosotros somos los mejores profesores que podemos encontrar. Las personas y sus éxitos, sus fracasos, sus virtudes, sus defectos, sus alegrías y sus penas son oportunidades que te ayudan a ser mejor, a aprender y, lo más importante, te ayudan a descubrir el Amor de Dios tan grande que hay en todos nosotros. Muchas veces sin saberlo, otras recordado, pero, en todas, vivido.

Mi humilde experiencia de sacerdote, poco más de once años, me ha hecho vivir casi de todo. Lo considero un regalo, porque gracias a tantas personas, muchas de ellas plasmadas en estas líneas, me considero un privilegiado. He aprendido de todos, he mejorado algo, he luchado siempre. Las historias que aquí se contarán son todas reales, rebautizando a los protagonistas (entiendo que se me permite) y viajando a destinos nuevos (nunca conocidos). De todos ellos aprenderemos, incluso en muchos nos sentiremos identificados, porque termino la introducción como he empezado: la vida nos regala experiencias apasionantes. Vibra, aprende, mejora, enfádate, crece y quiere a tantos protagonistas que te acompañarán en las siguientes páginas...

Agradezco la invitación que me han hecho para escribir este libro, nunca imaginado y menos buscado, pero el plan de Dios siempre nos supera y nos ofrece oportunidades para hacer el bien. Este es el único objetivo del libro, hacer el bien y ayudar a los lectores en sus vidas con las experiencias y enseñanzas compartidas. Rezad por mí, por favor.

1. SUPERACIÓN:

«Está permitido caer, pero es obligatorio levantarse»

Me acuerdo de Pedro, un chaval prototipo de tantos, que, amante del deporte, los amigos, los planes y la fiesta, sin olvidar un poco de estudio y de familia, estaba perdidamente enamorado. Y qué maravilla, siempre he aconsejado que tener novia o novio es algo bueno, muy bueno. Claro, viviéndolo como una relación de verdadero amor, donde lo único que te interesa es el otro, donde buscas aquello que le hace feliz, los detalles del día a día, te preocupas por cómo está, qué quiere, qué le ilusiona, qué le hace sufrir y un largo etcétera. Salir del egoísmo que nos viene de naturaleza es clave en la vida, y la pareja se convierte en un complemento maravilloso, aunque no único, que nos ayuda a abrir horizontes preocupándonos más por el prójimo que por nosotros mismos[1]. Y Pedro estaba viviendo todo esto multiplicado por mucho, normal por su edad.

---

[1] Mt 22, 39.

13

Todo joven tiene un tesoro. Cuando somos jóvenes, custodiamos un arma genuina que, mezclada con la inmadurez propia de la edad, a veces se convierte en tu peor aliado. Exacto, hablo de la energía, de la ilusión de hacer cosas, de las ganas de comerte el mundo, aunque poco a poco vamos aprendiendo a canalizar. Ese ímpetu que te hace pensar, y en ocasiones llegar a creerte que puedes hacer todo, que no se te resiste nada, es el tesoro que los jóvenes tienen, y, si uno es joven y esto le parece algo desconocido, ojalá pueda encontrarlo y vivirlo. El camino de la vida tiene su lógica, aunque a veces tratemos de cambiarla o incluso suplantarla con realidades caducas; por cierto, todas ellas vacías, que pretenden con solo apariencias atractivas y emocionantes dejarnos un vacío todavía más grande. Y si lo estabas pensando, has acertado, las caídas están dentro de las posibilidades de esta energía juvenil y no tan juvenil. Es una opción real, no es algo extrañamente posible, más bien todo lo contrario, es algo plenamente posible.

No puedo olvidar que, para Pedro, Dios era Alguien importante y no algo, o una realidad que había vivido solo en familia. Había descubierto en Dios una luz en el camino y una seguridad en sus múltiples hazañas juveniles. Era para él un verdadero Amigo[2], y no uno más de tantos que tenía, sino el Amigo en mayúscula. Llegó el día, para nada imaginado, pero sí esperado. Aquella tarde, Pedro y su novia habían ido a comer juntos y pasaron toda la tarde en

[2] Jn 15, 14.

su casa. El mejor de los planes de pareja: solos, sin amigos, sin padres... el amor había llegado a límites profundos y desconocidos. Y es que la maravilla del amor te hace descubrir cosas nuevas, realidades que ni en la mejor de las películas alcanzan su plenitud. Así ocurre muchas veces, un plan deseado se convierte en algo complicado: cuando de repente la vida te permite vivir aquello que habías soñado, que habías deseado, pero para lo que, a la vez, no estabas preparado, te sorprende la rapidez del momento. De algo que no puede escapar uno es de la conciencia, allí está, diciéndotelo todo. Te encantaría tener un botón para activarla o desactivarla a tu interés, pero por más que busques esquivarla o esconderte de ella, no lo consigues. Y lo peor es que en el fondo lo agradeces, sabes que esa vocecita es tu mejor defensa, siempre busca lo mejor para ti, lo que debes y no debes hacer, lo que te conviene o no, siempre te lleva por el camino del bien y del orgullo y de la felicidad.

La despedida esa tarde en casa de la novia de Pedro fue un poco agridulce, reinaba una especie de distancia, como una vergüenza rara entre los dos. Llevaban meses juntos y nunca habían vivido ese ambiente tan extraño. Un beso y adiós. Pedro cogió la moto y se fue a casa. Nunca olvidará todo lo que pasó por su cabeza esa noche, si por un lado estaba feliz, por el otro sentía que se había traicionado. Hizo un repaso por su cabeza de los pros y contras de lo vivido, había de todo, parecía que ganaba un lado pero luego era el otro; lo típico de que vas buscando argumentos y, si no los encuentras, los inventas para poder quedarte tranquilo y convencerte de que todo está bien. Pero sabemos que es una gran mentira, y en el fondo no nos la creemos. En este discurrir, Pedro tuvo algo claro, mañana me tengo que confesar.

Al levantarse solo le vino ese pensamiento: me he de confesar[3]. Llamó al padre Jaime y quedaron en la capilla del colegio. Al llegar, parecía que el padre Jaime intuía lo que pasaba, le dio un abrazo, y con su sonrisa seca pero profunda y llena de aprecio le preguntó cómo le había ido en el partido de fútbol. Y es que, claro, esta pregunta estaba llena de sentido. El día anterior, Pedro había tenido un partido muy importante con su equipo de fútbol, eso lo sabía el padre Jaime, y obviamente buscaba relajar y tranquilizar al pobre chaval. Él le empezó a explicar el partido y cómo habían jugado, el éxito de la estrategia, los goles marcados, pero sobre todo los fallados, etc. El padre lo había conseguido: Pedro ya estaba más sereno, había logrado desviar la tensión con la que llegó el chaval. Y era el momento para que le pidiera la confesión, se sentaron en el primer banco de la capilla, la estola morada colgada del cuello del sacerdote y el penitente, con la cabeza baja, abriéndole el corazón a Dios arrepintiéndose de sus pecados.

Los ojos del adolescente al acabar lo decían todo, las lágrimas de dolor y pena se habían convertido en lágrimas de paz e ilusión. Una vez más lo había vuelto a hacer, Dios

---

[3] Sal 32, 5.

lo había perdonado[4]. Y basta con eso para ser capaces también de perdonarnos a nosotros mismos. Dios no se cansa de perdonar, el problema somos nosotros, que nos cansamos de pedir perdón. Pedro escuchó muchas cosas del padre, muchos consejos y mucha motivación, pero lo único que recordaba era la lapidante frase: «Está permitido caer, pero es obligatorio levantarse». Y este es uno de los motores más importantes de nuestra vida. Nos pensamos que lo hacemos todo bien, que tenemos siempre la razón, que pedir perdón es de cobardes o peor aún, que, si me caigo, es más cómodo y fácil quedarme en el suelo y seguir a rastras. Esa frase rompía con todo esto. El encuentro sanador con Dios y la frase que le dijo a través del sacerdote cambiaron la vida del chaval. Ese ímpetu y ganas de seguir adelante volvieron a él. Más confianza y deseo de luchar, superándose así cada día por aquello que le hacía verdaderamente feliz. Esto guio siempre su camino.

Hay una realidad clara: somos vulnerables. Y esta vulnerabilidad aparece de muchas maneras; con nosotros mismos y la falta de confianza, con nuestra familia, con nuestra pareja, con amigos, con los compañeros de trabajo o incluso con el vecino de al lado. Dos son las opciones que tenemos. Una, creernos y engañarnos con que ser vulnerable es lo peor que nos puede pasar, que por culpa de ello no podremos hacer nada, que fracasaremos en cualquier cosa y que al final viviremos derrotados, o, por

---

[4] Sal 102.

el contrario, abrazar esta vulnerabilidad con humildad, trabajar y esforzarse sin descanso, levantarse siempre de las caídas y buscar un nuevo horizonte. Y lo más importante, tener a Dios como gran aliado y entonces, y solo entonces, junto a Él podemos repetir como san Pablo: «Cuando soy débil, entonces soy fuerte»[5].

Todavía me encuentro a Pedro de vez en cuando, y lo más maravilloso es que me recuerda la frase una y otra vez, y mira que han pasado bastantes años. Esta frase no solo le cambió ese día cuando era un adolescente, sino que le sigue ayudando en cada instante y ante cualquier caída, donde la tentación de rendirse, de abandonar y de perder es grande, pero la actitud de superación es todavía mayor. No olvidemos las cosas buenas aprendidas y recibidas de tantas personas que nos quieren. No caducan, siguen estando en vigor. Y claro, la superación entra en juego, y es el único camino que de verdad nos hará felices[6]. Nadie te señalará con el dedo riéndose de ti por luchar y muchas veces no conseguirlo, pero sí te podrían señalar con el dedo riéndose de ti por vivir derrotado y sin esfuerzo.

---

[5] 2 Co 12, 10.

[6] «Las victorias tienen muchos padres, las derrotas son huérfanas», frase atribuida a Napoleón Bonaparte.

2. CONFIANZA:

«Padre desaparecido y adolescente encerrado»

Mauritania, pleno mes de agosto, empezaban las clases. Llegaba yo con toda la ilusión del mundo, era un nuevo destino, se me confiaba una labor para la que me había estado preparando muchos años. Todos sentimos lo mismo cuando se nos encomienda un trabajo por el cual hemos luchado, con el que hemos soñado y para el que nos hemos preparado: el día que llegas, sientes un cosquilleo muy especial. La felicidad se siente en lo personal y también con las personas con las que te encuentras. Es algo maravilloso. Sería un privilegio poder sentir eso mismo todos los días en el trabajo. Irradiar ganas, optimismo, proyectos, energía, en fin, que sentir la confianza que ponen en ti es algo que gusta a todos.

Confianza alimenta confianza, es el único camino que la fortalece. No por ser gracioso o por ser buen deportista, la gente confía en ti. Nos pasa a todos, cuando le has demostrado a alguien que tienes confianza en él, sea un familiar, amigo o compañero, ves que también confía en ti. Es una de las experiencias más bonitas, se puede hablar de temas personales, de situaciones que has vivido, de algo incluso «secreto» y buscas compartirlo con esa persona. Nos ayuda mucho compartir lo que vivimos, pero para ello hay que saber elegir con quién lo haces, también nos hemos llevado sorpresas, y no precisamente de las más buenas, al confiarle algo a la persona equivocada.

El director me llevó al colegio cuatro días antes del inicio oficial. Es algo cansado estar saludando a muchas personas que conoces por primera vez: una sonrisa, palabras educadas, tres líneas rápidas de quién eres, presentar el trabajo que vas a realizar, etc. Íbamos recorriendo todo el colegio, la alegría y emoción de estar ahí me daba fuerzas para todo, y es que las instalaciones eran enormes. En una de las zonas había un grupito de alumnos que no estaban allí porque quisieran o les hiciera ilusión, más bien estaban por obligación, digamos que debían superar unos exámenes que tenían pendientes y así iniciarían el curso «limpios». Nunca hay que dejar nada a deber, ni siquiera asignaturas[1].

Eran unos diez, todos de secundaria, entre 13 y 16 años. Los encontré algo cansados, obviamente, a nadie le gusta tener que ir a hacer exámenes justo antes de empezar el curso, además, sabiendo que eso significaba que tenían que haber estado estudiado las semanas anteriores.

---

[1] «El trabajo y la lucha llaman siempre a los mejores», proverbio latino atribuido a Séneca.

Les saqué unas risas y la impresión fue muy buena, unos chavales alegres y con ganas. Si te pones a pensar, es una pena encontrarte adolescentes tristes y sin ganas de nada. Es una edad maravillosa para soñar y pensar en grande, conocer, triunfar y fracasar, esa es la manera de aprender. Como adolescente, todo lo que vives es en grado máximo, lo amplificas, y eso es bueno para lo positivo, pero bastante malo para lo negativo. Fácilmente te bloqueas, te enfadas con todos, ves enemigos donde no los hay —empezando por la familia—, buscas fuera lo que ya tienes dentro, crees que vivir experiencias nuevas y fuertes te hará ser mejor, estar por encima o, peor aún, sentirte aceptado por el grupo.

Este es el juego del adolescente, dicho de una manera coloquial, porque la vida no es ningún juego. Aquí no tienes varias vidas ni pantallas ni mundos que superar. Aquí tienes una sola vida y un solo mundo, en el que no tienes, sino que debes realizarte como persona. Ahí está la labor familiar, la más importante, y después, y solo después, viene la labor de los educadores y profesores. Estos vienen a complementar lo primero. Si unos padres piensan que en el colegio o en el deporte se encargarán de formar y educar a sus hijos y, por ello, les exijo resultados inmediatos, se están equivocando. El trabajo empieza y acaba en el hogar, y para lo que no se llega, tenemos la labor de tantas y tantas personas con vocación y pedagogía entregadas a la enseñanza y siempre con gran espíritu de sacrificio.

Antes de seguir con la historia real que estaba compartiendo, me parece importante recordar una frase que se le atribuye a G. Pólya, pero que, cierto es, no hay constancia de que la dijera: «¿Qué se necesita para enseñar matemáticas a John? Conocer a John». Aquí está el secreto, para confiar en alguien, has de conocerlo, has de haber interactuado o al menos haberle visto en persona.

Me despedí de los chavales sin recordar apenas sus nombres, aunque sí sus rostros. Llegó el día, primer día de clases. La emoción que sentía me recordaba a mi época de alumno en la que te apetecía mucho volver a ver a tus compañeros, ver a los profesores, la nueva clase, las mejoras y cambios en el cole... Siempre tenías la curiosidad de ver a este o a esta compañera, cómo estaría, qué contaría, las novedades, etc. Esta vez, en mi caso, debía pasar por las clases para irme presentando, era el nuevo capellán. Tenía una intención clara: ser como soy, transmitir felicidad y alegría, animar a todos en este nuevo curso y ponerme a su disposición. Pero, de repente, todo cambió. La coordinadora de secundaria vino a buscarme. Apenas la conocía, era una de las pocas personas que pude saludar cuatro días antes; de hecho, aquel día estaba con el grupo de alumnos haciéndoles los exámenes de recuperación. Sus palabras me dejaron de piedra:

—Padre, le busca la familia de Santiago. Es urgente.

Vamos a ver, no llevaba ni una semana, no conocía a ninguna familia, era mi primer día, qué digo, mi primera hora oficialmente en el colegio y menos conocía a este tal Santiago, no entendía nada. Ella me volvió a insistir:

—Tiene que ir a su casa. Su padre ha desaparecido y Santiago está encerrado en su cuarto. Dice que solo quiere hablar con usted.

Todavía entendía menos, su explicación me dejó aún más de piedra. Le dije que no recordaba conocer a ningún Santiago, pero ella me comentó que era uno de los chavales que había visto el día de la recuperación. Su cara seguro que la recordaría, pero no por el nombre. En fin, fui con el director para explicarle esto. Él ya lo sabía y le dijo a su conductor que me llevara a casa de la familia.

El trayecto en coche fue muy breve, vivían cerca del colegio. Vi coches de policía aparcados fuera. Entré en la casa acompañado por el conductor y saludé a la madre de Santiago, que no conocía. Ella me abrazó desconsolada, estaban también sus hermanos y otros familiares, además de los policías. La madre me explicó lo que había ocurrido. Habían encontrado el coche de su marido en medio de la carretera, con la puerta abierta y sin él. Todas las hipótesis estaban abiertas, pero lo más claro era que parecía un secuestro. La madre se lo contó a Santiago y este fue corriendo a refugiarse en su habitación. Era algo duro de escuchar, la madre lo entendió y lo dejó allí cierto tiempo. Al ir con él después de un rato y acompañarle en este momento tan delicado, él no le abrió la puerta, la madre insistió, pero él seguía encerrado. Tampoco a la policía le abría la puerta. Reinaba una gran tristeza, desconcierto y nervios en la casa. Santiago solo les dijo:

—Quiero hablar con el padre Pablo del colegio.

La madre no sabía de quién hablaba, por eso llamó a la coordinadora de secundaria, que fue quien le explicó que era el nuevo capellán del colegio, y entonces me avisaron. Ante esta explicación, solo tenía una misión: ir con Santiago. Me llevaron a su cuarto, toqué la puerta con gran respeto, cierto miedo y mucha paz, diciendo:

—Santiago, soy el padre Pablo.

La puerta se abrió y entré. Lo que hablamos allí dentro solo lo sabe Dios, Santiago y yo. Lo más importante es que después de un buen rato salí de la habitación con el chaval, y su madre pudo darle un fuerte abrazo llena de lágrimas en los ojos. Ese adolescente había tenido en vilo a la madre, los hermanos, la policía y demás familiares. Y sin saber cómo ni por qué, tuve que ser yo quien «rescatara» de ese momento a Santiago. Bueno, para ser justos, fue Dios, obviamente, quien lo hizo, pero resulta que Él se vale de mediaciones en nuestro día a día, solo hay que tener ojos y apertura de corazón para verlas[2].

El encuentro de pocos minutos con Santiago y sus compañeros en el colegio el día de los exámenes de recuperación había sido suficiente para que este chaval me tuviera

---

[2] Gal 3, 19.

confianza. Me tocaba responder, darle toda mi confianza así como él me la había dado. Caminé a su lado en esos días tan complicados. No es que se solucionara el problema, pero él ya lo iba encajando de otra manera. Eso es confianza, estar al lado de la persona que queremos, a veces con una palabra, pero la mayoría, escuchando. Ese momento, tan trágico, nos unió mucho a Santiago y a mí, y esto es lo bonito de la amistad, que, por más dura que haya sido la vida, tienes al lado a personas de confianza, y, junto a ellas, nuestro camino no es que se solucione muchas veces, pero sí se hace más fácil el superar los peores momentos.

Dios tiene mucho que decir en esto, Él nunca buscará lo malo, lo peor, lo trágico, lo difícil para nosotros, no se distrae de esta manera pasando el tiempo, pensando a ver cómo molesto a este o aquel. Quien piense esto no ha entendido nada. Como le digo siempre a los chavales, y yo me lo aplico el primero: Dios es amigo, no enemigo, Dios es compañero, no es rival, Dios te ayuda, no te molesta, Dios es el bueno, no el malo. El camino de confianza con Él es personal, no hay notas ni niveles. Tu camino es el mejor porque es el tuyo. Aquí no se trata de repetir nada, y menos de copiar ningún camino. Sí que puedes aprender de muchos, pero para integrarlo en el tuyo, sí que te pueden ayudar muchos, pero para fortalecer el tuyo. Una vez más, no olvidemos que el camino hacia Dios, de confianza con Él, de relación profunda y sincera con tu Creador, es personal y, eso sí, hay que caminarlo. Los caminos para llegar a Dios no son muchos o pocos, como dijo el cardenal

Ratzinger, futuro Papa Benedicto XVI, hay «tantos como personas»[3]. Cada instante, si te acompaña la humildad y el amor, te hace enamorarte más y más de Él.

Santiago, en medio de ese dolor, de ese sufrimiento, se encontró con Dios y creció su confianza en Él. Sorprende, porque muchas veces acompañas a personas que han sufrido un gran dolor de cualquier tipo y, como necesitan un culpable, le atribuyen ese papel a Dios. Es muy fácil echarle toda la culpa, y encima no se queja, pero es injusto. Santiago logró experimentar el Amor de Dios en el momento más difícil que había vivido en su, todavía, breve vida. El salmo bíblico se hizo realidad: «Encomienda tu camino al Señor, espera en Él y Él actuará»[4] *(Committe Domino viam tuam, et spera in eo, et ipse faciet).*

---

[3] P. SEEWALD, *La sal de la Tierra,* Prólogo.
[4] Sal 37, 5.

3. ESCUCHA:

«Mi prima se ha lanzado de un tercer piso»

Esa tarde quedé con Eduardo, me había escrito un mensaje hacía días comentando que le apetecía charlar conmigo. No me pareció raro, este adolescente de quince años tenía siempre ideas nuevas para ayudar a gente, era muy solidario y encontraba en la generosidad un pilar en su vida. Siempre era el primero en sumarse cuando se organizaba alguna actividad para ayudar, ya fuese a niños, ancianos o pobres. Quedamos para tomar un refresco, era el mes de diciembre y se notaba el frío en las calles de Venecia. Menos mal que dentro del bar, con la calefacción a tope, todo cambiaba.

La necesidad de escuchar es cada vez más importante, el día a día y sus múltiples actividades nos ahogan. Vamos de arriba abajo sin apenas tiempo de parar a reflexionar e, incluso, para demostrar lo mucho que amamos a nuestra familia, amigos y gente que nos rodea. Parece casi imposible encontrar un hueco en la asfixiada agenda diaria[1]. Si lo logramos, es casi un milagro, y se reduce a un café o una cerveza... Las prioridades han cambiado y no es que hayan ido del todo a mejor. A todos nos ha pasado que nos hemos encontrado con «personas islas» en medio de una gran ciudad. Son aquellas que simplemente están, no se sabe nada de ellas. Más que comunicar, emiten, buscas interactuar y convivir y desistes al palpar la incomodidad que genera en ellas. ¡Qué pena! Con lo bonito que es conocer gente, hablar, saludar, reírte un rato y bromear. Pero es que, quizá, este es el problema que han causado personas así. Puede que no hayan tenido a nadie que las escuche. Muchos habrán sido los que les hayan hablado, aconsejado, motivado y animado, pero nadie les ha escuchado. Todos, incluido yo, somos los primeros en dar nuestra opinión, en comentar esta o aquella noticia, en juzgar si está bien o mal hecho, en valorar los éxitos y fracasos ajenos, en alzar la voz si no me escuchan... pero nos olvidamos de lo verdaderamente importante, y es escuchar. Y si decimos que escuchamos, quizá no lo hacemos del todo al estar pensando, mientras habla, lo que le voy a contestar cuando acabe sin prestar atención a lo que dice.

Volviendo al encuentro con Eduardo, la conversación con él era muy afable. Su energía al contar todo lo que había hecho esas semanas era impresionante, a cualquiera le hubiera faltado tiempo menos a él. Yo le animaba en

---

[1] «Entre lo que deseamos vivir y el intrascendente ajetreo en que sucede la mayor parte de la vida, se abre una cuña en el alma que separa al hombre de la felicidad como al exiliado de su tierra», Ernesto Sábato.

todo, y eso era la clave. No lo hacía porque «tocaba» o para que así se sintiera mejor, para nada, lo animaba de corazón porque ver un chico tan entregado y preocupado por ayudar a otros es una auténtica maravilla[2]. Qué pena ver tanta gente que no valora, y ni tan solo se alegra cuando otro hace cosas buenas y tiene éxito. Incluso hay quien le quita importancia, dicen que es suerte, o que le han ayudado, o cualquier excusa para quitarle el mérito a esa persona. Hay que cambiar. Debemos alegrarnos del éxito ajeno, debemos estar felices cuando otra persona hace cosas buenas, cuantas más, mejor. No pierde valor porque tú no lo hayas hecho, al revés, que el ejemplo de tantas personas nos ayude también a nosotros para hacer el bien y ofrecer nuestra humilde ayuda a quien la necesite.

Sonó su teléfono, enseguida le dije que contestara, ya que era su madre. Yo cogí el mío también para ver algunos mensajes que tenía pendientes. Eduardo a los pocos segundos cambió el rostro, estaba como ido, impactado, pensativo... Yo dejé de revisar mis mensajes y le observé con algo de susto, solo respondía a su madre casi con monosílabos, parecía otro. Hacía pocos segundos me había explicado lleno de ilusión las múltiples actividades que había hecho y ahora, ni rastro de esa ilusión. ¿Qué podía haberle dicho su madre para que causara en él semejante reacción...? No tenía que ser muy inteligente para intuir

---

[2] «El que no vive para servir no sirve para vivir», frase atribuida a Madre Teresa de Calcuta.

que nada bueno... Colgó la llamada y me miró. Apenas pudo decir:

—Mi prima se ha lanzado de un tercer piso.

Yo permanecí en silencio, y él siguió:

—Mi madre me ha dicho que está en el hospital muy grave. No hace ni una hora que ha pasado...

Hicimos una oración por ella y le dije que, si quería, le acercaba al hospital. Me dio las gracias y nos encaminamos. Durante el trayecto, que no llegó a los veinte minutos, Eduardo fue hablándome de su prima, hacía reflexiones sobre ella, se preguntaba cosas, y volvía a explicarme cómo era su prima. No paró de hablar y yo solo escuchaba... Necesitaba sacarlo todo, lo bueno y lo malo. Al llegar al hospital, estaba su familia, muy compungida, y el abrazarse les fortalecía. No se podía entrar, estaba en la UCI, así que nos quedamos en la sala. Todos iban comentando, iban sacando sus sentimientos, sus miedos, sus reflexiones, sus deseos y, sobre todo, sus sufrimientos... y yo escuchaba.

Escuchar. Esa fue mi única tarea. Tenemos la tentación de hablar, aunque sea una tontería, pero hablar, que se nos escuche, que se note que estamos allí, que vean que sabemos de todo y, si no, lo aparentamos. Y no siempre es lo mejor[3]. Por supuesto que acompañé a la familia en

---

[3] «Uno es dueño de sus silencios y esclavo de sus palabras», frase atribuida originalmente a Aristóteles.

ese dolor, el cual no duró mucho porque, gracias a Dios, se recuperó y no tuvo grandes secuelas. Pero, durante este tiempo, hablamos y claro que los animaba: les hablé de Jesús y la Palabra, de la esperanza y la confianza, de la importancia de la familia unida, de muchas cosas... pero esa mañana solo tenía que escuchar. Esa era mi misión y mi mejor ayuda, escuchar con el corazón. A la prima de Eduardo nadie la escuchó, pedía a gritos ayuda, pero nadie le dedicó atención, ni en casa ni fuera... Esa fue la causa del intento de suicidio. La joven sufría y buscaba quien la rescatara, quien le hablara de lo valiosa que era su vida, quien le dijera con el corazón que la amaba y no con palabras vacías y vivencias efímeras. Su prima únicamente necesitaba una cosa y no la encontró en nadie.

Reflexionemos si escuchamos de verdad, si nos preocupamos desinteresadamente por los demás empezando por aquellos que tenemos más cerca. Pongámonos a pensar cuántas personas nos piden ayuda de diferentes maneras y nosotros vamos a la nuestra, nos quitan tiempo, nos distraen, preferimos ocuparnos y encima nos creemos que hacemos muchas cosas. De todo lo que hacemos, deberíamos elegir bien, ya lo decía san Ignacio en los ejercicios espirituales, tenemos que buscar lo mejor, *el magis*[4]*;* entre lo bueno y lo malo, está claro, elijo lo bueno, pero entre lo bueno y lo bueno, me quedo con lo más bueno, con lo mejor. En la vida son pocas las cosas importantes, y en esas, nos lo jugamos todo.

---

4 San Ignacio de Loyola, *Ejercicios Espirituales* (Sal Terrae 2013), n.º 23.

4. CAMBIO:

«Olvidada, sola, apartada y no le falta nada»

Me encontraba en Madagascar, era mi primer año destinado allí, el inicio de una de las mejores etapas de mi vida. Organizaba muchas actividades con chavales, y las misiones era una de las más importantes. Íbamos a la sierra, a las aldeas más pobres y sencillas materialmente hablando, ayudábamos al párroco del lugar a organizar toda la Semana Santa. Hacíamos de todo: organizar catequesis para los niños, revitalizar las muchas celebraciones litúrgicas en los pueblos, sus romerías, sus procesiones, también mejorábamos las instalaciones en lo que podíamos y, sobre todo, atendíamos a los enfermos y a los más necesitados. Toda una semana dándonos a los demás, toda una semana donde la comodidad desaparecía de nuestras vidas.

Uno en la vida acumula muchas experiencias, las hay bonitas, maravillosas y, también, tristes y penosas. De entre todas, nos encontramos con algunas que resultan ser de gran aprendizaje, de aquellas que jamás olvidas y que gracias a ellas puedes afirmar sin ningún reparo que te han hecho mejor persona. Aunque esta afirmación es peligrosa, porque, si luego no hay ningún cambio en tu vida a mejor, resulta que esa experiencia tan aleccionadora caería en saco roto. Así que todos tenemos tarea; cuando afirmemos que tal o cual vivencia me han hecho mejor, ya sabes, que se note.

Dormíamos en el suelo con una simple esterilla, nos duchábamos una vez o ninguna durante la semana, la comida era la que era, a Dios gracias. En fin, que todo esto valía la pena, primero por Dios y segundo por el valioso tesoro que descubrías en cada uno de los vecinos. Su testimonio de alegría, su sacrificio, sus historias tan diferentes, curiosas y apasionantes, su amor a Dios y siempre su sonrisa. Respirabas mucha paz en medio del trabajo, te contagiaban optimismo en medio de las múltiples tareas.

Y llegó el día, era Jueves Santo. Estuvimos por la mañana recorriendo las casas para ofrecer la comunión y confesión a la gente enferma o impedida que no podía venir a la iglesia. Te abrían las puertas de sus casas con gran cariño, para ellos era casi un privilegio que entráramos. Se sentían halagados y nosotros, todavía más. En una de las casas nos hablaron de la «pobre» señora María. Como nos la pintaron, parecía una mujer bastante desgraciada, con casi noventa años, sola, abandonada de su familia, sin amigos, viviendo en medio de la selva, bajaba al pueblo una vez al mes, no tenía electricidad, comía de sus cultivos y criaba unos pocos animales para su sustento, y del agua ni hablemos. Lo tuve claro, hay que ir a visitar a la señora María. Se lo dije a los chavales y se animaron, ella se merecía nuestra visita y compañía. Nos explicaron cómo llegar no sin dificultad, dado que vivía bastante apartada del pueblo. Tardamos unos veinte minutos por un auténtico sendero silvestre, la conversación con el grupo fue bastante ilusionante, todos queríamos estar con ella y así poder animarla y ofrecerle lo más grande, la Santa Comunión, Jesús Sacramentado que iba a visitarla. Estábamos cerca, y poco a poco los chavales se iban quedando detrás de mí. No fue casualidad. Aunque teníamos mucha ilusión de poder encontrarla, no hay que negar que se respiraba algo de miedo, o, mejor dicho, respeto, incluyéndome a mí.

No sabíamos cómo nos recibiría la señora María. Pasaba por nuestro pensamiento encontrar una señora amargada, enfadada, que no quisiera vernos y nos echase. Cada vez estábamos más cerca. A distancia podíamos ver una especie de «casa» hecha con plafones, muy rudimentaria, ni tabiques ni cemento, algo de decoración por fuera, algunas gallinas paseando... Alcé la voz para llamar a la señora a medida que nos acercábamos.

—¿Señora María?

No había respuesta. Lo volví a intentar.

—¿Señora María? —y agregué—: somos los misioneros y el sacerdote.

De repente se abrió lo que parecía una puerta, y lentamente la señora María salió de casa para darnos la bienvenida. Fue un momento de aquellos en los que te precipitas y dices algo que no piensas, sale solo, en automático, quieres romper el hielo y tiras de tópicos, le dije:

—Buenos días, señora María, ¿qué tal está, cómo le trata Dios?

Tierra, trágame. ¿Cómo se me ocurría preguntarle eso? De verdad yo no quería preguntarle eso, se me escapó, sentía gran arrepentimiento, me dije de todo por dentro, la sonrisa de compromiso no ocultaba mi gran metedura de pata... Siempre según mi punto de vista, la señora estaría superenfadada con Dios, tan mayor, sola, abandonada por su familia, sin nadie al lado, viviendo precariamente, sin buena alimentación, etc. Repito, este era mi punto de vista. Y entonces respondió con una enorme sonrisa:

—Padre, demasiado bien, lo tengo todo, no me falta nada.

La enseñanza que recibí ese día cambió mi vida. La señora María se convirtió en la mejor profesora que jamás podría haber tenido. Yo estaba muy mal, mi pensamiento era puramente materialista y ella, con gran sencillez y humildad vividas de verdad, me venció.

Le estaré eternamente agradecido. Nunca se borrará de mi mente ni de mi corazón la sonrisa y las palabras de la señora María. Desencadenó un cambio en mi vida, y lo necesitaba. ¿Qué es lo más importante en la vida? Sí, que todo vaya bien, que mi familia esté bien y que tenga un buen trabajo o éxito en los estudios. Repito: ¿qué es lo más importante en la vida? Vale, que tenga salud y que no me pase nada. Una vez más, ¿qué es lo más importante en la vida? Exacto, vivir junto a Dios[1]. Que no sea un desconocido, que no sea una relación intermitente de domingo en domingo, que no sea solo para pedir, que no sea un Dios «fabricado» a mi medida donde pongo y quito lo que me interesa cuando me interesa, como si fuera la cesta del supermercado, que no sea algo, sino Alguien y en mayúscula. Solo así estaré centrado en lo más importante de la vida. La señora María me dio un gran testimonio, y todavía hoy, y espero que siempre, recuerdo y me aplico sus palabras.

Nunca es tarde para cambiar[2]. Requiere un esfuerzo y una lucha, no es fácil, sobre todo si ya estamos acomodados. Todo cambio, a mejor, claro, despierta una ilusión, despierta un proyecto, despierta unas ganas insospechadas de compromiso y constancia, despierta orgullo al ir constatando avances. No te rindas, nadie dijo que sería fácil, pero sí te han dicho que será glorioso. Dios

---

[1] Lc 10, 42.

[2] «No puedes volver atrás y cambiar el principio. Pero puedes comenzar donde estás y cambiar el final», frase atribuida a C. S. Lewis en su libro *Cartas del diablo a su sobrino*.

no es ajeno a todo esto. Me recuerda a la historia de esa persona, que podemos ser tú o yo, que ve su vida reflejada sobre huellas en la arena de la playa. Siempre hay dos pares juntas, las del protagonista y las de Dios, sin embargo, constata que, cuando ha pasado momentos difíciles y complicados, solo hay un par. Se vuelve hacia Dios y le recrimina que le ha dejado solo en esos momentos. Lleno de ternura, mirándole a los ojos, el Señor le dice:

—En esos momentos tan complicados, yo te llevé en brazos[3].

Y así nos pasa, necesitamos un culpable, cuando algo no nos sale bien o no nos gusta el resultado, siempre tiene que haber un culpable, y, obviamente, nosotros nunca lo somos. Cambiar esta actitud es indispensable en la vida. Nos ayudará mucho el tener ojo crítico con aquello que hacemos mal y debemos cambiar. No somos malos, digamos que hacemos cosas malas, y tener un deseo de cambio real con sus implicaciones será clave en la vida. Acostumbrarnos a hacer de vez en cuando un buen examen de conciencia, ver qué hacemos y cómo va nuestra vida, lo que debemos cambiar, mejorar, en lo que debemos crecer, esforzarnos más… si somos sinceros, encontraremos siempre aspectos que será bueno no descuidar y en los que poner atención. Dios nunca te estará señalando con el dedo diciéndote lo ma-

---

[3] Dt 1, 31.

lo que eres, Él siempre estará con los brazos abiertos dispuesto a perdonarte y ayudarte. La experiencia y mirada de la señora María ese día es, sin duda, una de las mejores cosas que me han pasado en la vida.

5. AUTOESTIMA:

«Lo tengo todo, pero no tengo ganas de vivir»

Me encontraba trabajando en Macedonia, tomando un café con amigos, y de repente suena el teléfono... era Ernesto, un chaval que había conocido hacía cinco años y estaba estudiando en Eslovenia. Le respondí con alegría poniendo el manos libres:

—¡Qué tal, Ernesto! ¡Cómo va todo, cómo estás!

Con voz entrecortada, triste y llorando me responde:

—Estoy mal, pater, no sé qué hacer.

Todos habremos recibido llamadas importantes en la vida; de la familia, del trabajo, de amigos, incluso de desconocidos. Han sido importantes quizá por darnos una buena noticia o, lamentablemente, por recibir una mala noticia. La distancia y cierta frialdad de una conversación por teléfono nos aleja del profundo significado y mensaje de esa llamada. Es lo más fácil, en vez de visitar o quedar con la persona, le llamamos o incluso le mandamos un mensaje. Esta oportunidad se agradece cuando son muchos los kilómetros que nos separan, pero cuando estamos al lado o incluso en la misma casa, resulta un tanto extraño e impersonal.

Algunos me dicen a veces, creo yo de broma, que tienen teléfono rojo con Dios. Que ellos «se gestionan» directamente con Él, que se confiesan con Él, o sea, en pocas palabras, que no pisan la iglesia. Cada uno hace su camino y es responsable de sus acciones, esto lo tenemos todos claro. Abundan los descubridores, y es muy bonito porque la capacidad de fabricar e imaginar es grande, lo que pasa es que, cuando hablamos de lo sagrado, de lo divino, ya tenemos un problema. Descubrir lo que ya está descubierto y Revelado, y no precisamente unos años atrás, sino siglos, sería una osadía por parte de cualquiera. Pero claro, como la fe y la espiritualidad no son tangibles, es fácil imaginar cosas y, peor aún, creérselas.

Obviamente, mi sorpresa al oír la respuesta de Ernesto fue grande, quité enseguida el manos libres, me levanté y busqué un lugar tranquilo para poder charlar con privacidad. Le pregunté qué pasaba, no alcanzó a poder explicármelo bien, pero el desánimo y tristeza eran monumentales. Le animé, le dije lo mucho que valía, lo que Dios confiaba en él, las muchas oportunidades que tenía, pero todo esto no lograba levantar su ánimo. Todo cambió cuando alcanzó a decirme:

—Ya lo sé, lo tengo todo, pero no tengo ganas de vivir.

Inmediatamente le dije:

—Mañana estoy allí contigo.

Él reaccionó y me insistió que no hacía falta, que de verdad gracias, que lo superaría, etc. Todo en vano, ya lo tenía decidido, mañana yo iba a estar con Él, me necesitaba, lo estimaba y estimo mucho, y quería estar a su lado y ayudarle, lo valía todo para mí en ese momento.

Llegué a casa y compré el billete de avión, también reservé el hotel. Salía al día siguiente por la mañana. Esa tarde dejé todo organizado con el auxiliar que me ayudaba en el trabajo, abordamos los temas indispensables durante mi ausencia de tres días. Le mandé un mensaje a Ernesto diciéndole la hora en que llegaba, le sabía mal que fuera, pero en el fondo lo agradecía, se le notaba una pequeña ilusión. Esa noche dormí poco, la brevísima conversación con Ernesto me dejó pensativo, no paraba de darle vueltas, nunca me dijo la palabra terrorífica que jamás hubiera querido escuchar, pero lo expresado escondía su presencia. No podía ser, debía estar con él ya, quería despegar y llegar cuanto antes.

En la vida he conocido muchos chavales, de varios países, todos son fantásticos, con algunos conectas más y con otros, menos, es ley de vida, pero valoras a todos por igual. Ernesto y yo conectamos enseguida. Lo conocí en un curso de voluntarios cuando él tenía 15 años, me acuerdo perfectamente, en Rumanía. Un chaval alegre, ilusionado con la vida, con ganas de hacer grandes proyectos, amigo de Dios[1], con una sensibilidad especial por ayudar. Además compartimos la misma pasión por los aviones. Dios te regala personas, de cualquier edad, que te ayudan a ser mejor, a ilusionarte, a valorar muchas cosas, en fin, siempre he sido agradecido con Dios por conocerlas y valorar lo que significa su amistad.

Despegamos a la hora indicada, sin retrasos. Yo continuaba dándole vueltas en mi cabeza. El vuelo se me pasó más o menos rápido, pensé todas las cosas que quería decirle y cómo se las debía decir. Recé mucho para pedirle a Dios fuerzas, que me iluminara para saber ayudar a Ernesto, que fuera Él quien lograse sanar y fortalecer ese precioso corazón. Aterrizamos, no había facturado maleta, llevaba una pequeña con lo indispensable, aunque el clima era bastante frío, había podido coger ropa de abrigo, el gorro para la cabeza no faltaba y el chaquetón de plumas, tampoco. Cogí un taxi al salir de aeropuerto rumbo al hotel, el plan era claro: dejar la maleta y Ernesto, después de sus clases, vendría a buscarme para ir a comer. Le llamé, su alegría era grande, la mía, aún más, solo escucharle me tranquilizaba. Quedamos en media hora.

Esta media hora pasó volando, dejé todo y bajé al vestíbulo, Ernesto estaba por llegar. Salí a la calle para poder encontrarlo cuanto antes, y allí estaba. Al verlo caminé hacia él y le di un fuerte abrazo. Había pensado decirle mu-

---

[1] Jn 15, 15.

chas cosas, le había dado vueltas a la cabeza de cómo quería recibirle, pero en ese momento solo un abrazo era necesario. Se lo dije todo en este sencillo pero profundo gesto. Salimos al restaurante, él estaba animado, me empezó a hablar del lugar asegurándome que era de los mejores, que me gustaría mucho, que era muy famoso, que la gente hablaba bien de él, etc. A mí me daba igual a qué restaurante ir, lo único que quería era estar con él. Todavía no había llegado el momento de hablar con profundidad, toda la conversación era superficial pero necesaria: qué tal me iba, si estaba contento en el nuevo destino, cómo iban los estudios, el frío de la ciudad, etc. La verdad es que lo poco que estaba conociendo de la ciudad me estaba encantando. Era mi primera vez allí, y, por supuesto, es una ciudad a la que he vuelto un par de veces más. Por la tarde, cuando todo ya estaba más digerido y la ilusión por vernos estaba superada, hablamos de lo importante.

Ernesto estaba viviendo varias cosas a la vez que le habían bloqueado. Y es que cuando tenemos problemas, que todos tenemos, y los juntamos, se nos hacen más difíciles todavía. Se convierten en una gran montaña frente a nosotros que nos deja indefensos[2]. El ser humano, en general, suele ser muy victimista. Cuando algo no te sale o te va mal, buscas enseguida otras cosas que también han salido mal o no te gustan para tener más argumentos y demostrarte que no puedes, que la vida es injusta, que

---

[2] «No le digas a Dios que te quite la montaña, pídele fuerzas para subirla», frase de la tradición cristiana.

has tenido mala suerte, etc. No era exactamente esto lo que le pasaba al joven, pero algo tenía. Entrar en bucle con el desánimo amplifica todas las cosas, por pequeñas que sean, y entonces, lo que no era un problema se convierte en un gran problema.

Esto me recordó a una pregunta que me hicieron antes de ser sacerdote en el examen para poder tener licencia de confesar. La pregunta era: ¿qué pecado es más grave para el penitente, un niño que ha robado una golosina o un hombre que ha robado un coche? Cualquiera a simple vista diría que el hombre que ha robado un banco, pero la respuesta correcta es los dos por igual. El robo de la golosina crea en el niño un sentimiento de culpa grande, lo deja inquieto, nervioso, inseguro, se ha equivocado y lo sabe. El robo de un coche también crea en el adulto un sentimiento de culpa, lo deja intranquilo, nervioso e inseguro. Es decir, la realidad mala, sea la que sea, adapta su peso de culpa a la persona. Sea mayor o pequeña, si de verdad hay arrepentimiento, la persona vive un infierno de dolor al constatar su equivocación, sea lo que sea. Claro que luego, dependiendo de la materia del pecado, tendrá diferente connotación, pues no es lo mismo una golosina que un coche. Pero respecto al sentimiento de culpa, es el mismo.

A Ernesto se le había juntado un tema familiar donde lamentablemente no había encontrado ayuda en casa, más bien todo lo contrario, un rechazo inesperado y muy duro; por otro lado, la distancia de sus amigos y el desánimo y tristeza por no encontrar pareja se le estaban haciendo cuesta arriba. Estudiaba en una muy buena universidad, muchos se habían quedado fuera, pero, claro, no era la mejor, no era la esperada, no era en la que otros hermanos suyos habían estudiado y esto significaba en su casa que era un perdedor, que no lo había conseguido, que era casi casi un repudiado. Y no era justo todo lo que le decían. La soledad de estar lejos le hacía muy vulnerable y tampoco tenía una novia con la que poder sostenerse y compartir estos momentos difíciles. Hablamos, hablamos mucho. La maravillosa vida que tenía con las cualidades que Dios le había dado y él había trabajado era envidiable. No podía permitirse el abandonar, el rendirse, el tirar la toalla, claro que era difícil, pero estaba más que preparado para superarlo. Debía separar los problemas, ir afrontándolos uno a uno y, sin duda, aprendería para poder vencerlos[3].

Al día siguiente me llevó por toda la ciudad, me enseñó recónditos lugares que me fascinaron e hicieron que me enamorara de ella. Lugares turísticos emblemáticos y también lugares más autóctonos. Seguimos hablando todo el día, lo confesé y celebramos misa en su apartamento. Era otro, necesitaba abrirse y compartir, necesitaba ilusionarse, necesitaba alguien con quien poder hablar en confianza, y me tocó a mí ser esa persona. Lo sería mil veces más para él o quien me necesitara. El joven derrumbado que vi al llegar y que tanto me había asustado con esa

---

[3] «El potencial no es solo cuestión de intensidad, sino de resistencia», Ley de Ohm.

llamada había cambiado, todavía debía recorrer camino, pero, sin duda, de otra manera. Nunca le dije lo que había llegado a pensar con su llamada, el susto y miedo que me dio, no hacía falta, él y yo lo sabíamos.

Esta experiencia que viví nos enseña a poner todo en su lugar. Saber que hay cosas importantes y también saber que hay cosas más importantes que las importantes. Hay realidades que podemos controlar y otras, no. Enfadarnos y hundirnos por algo que no podemos controlar no es justo, no depende de nosotros. Debemos centrarnos en lo que sí podemos hacer, en lo que podemos controlar, en lo que depende de nosotros. Quererse es bueno, valorarse, también, confiar en uno mismo es clave, hemos de estar enamorados de nosotros mismos y esto no es narcisismo. Bien entendido hará que nos cuidemos, que nos protejamos y que dejemos entrar en nuestro corazón aquello que nos ayuda y nos construye[4]. Es fácil decirlo pero no tanto vivirlo.

No logramos entender y menos aceptar muchas decisiones o acciones de las personas, gente que debería hacerlo bien, gente incluso en quien has confiado, o peor, personas de tu familia. Claro que duele y crea una reacción de profundo dolor al constatar el error o distintas decisiones incongruentes. Pero ante la libertad humana, hasta Jesús calló[5]. Es a la vez el signo de mayor amor y de

---

[4] Prov 4, 23-25.
[5] Mt 26, 63.

mayor condena. Puedes hacer el bien o hacer el mal. Puedes ser egoísta o generoso. En definitiva, no nos toca a nosotros decidir por otros, nos gustaría o incluso sabemos que lo haríamos mejor, podríamos proteger un bien ante la amenaza de un mal, pero la vida no es así. Herramientas tenemos, ayuda, también, conciencia, aunque vapuleada a veces pero que nos reclama, por supuesto, corazón bueno, aunque intoxicado por el egoísmo y la soberbia, también tenemos. En fin, la libertad juega un papel crucial en nuestras vidas, y aunque pareciera que se contrapone, podemos afirmar que con libertad tampoco todo vale[6].

A día de hoy, Ernesto tiene un muy buen trabajo, ha sacado adelante proyectos de voluntariado internacionales, disfruta con su familia y están más unidos que nunca, tiene una novia maravillosa y todo apunta a que más pronto que tarde se presentarán juntos ante Dios en el altar.

---

[6] San Ireneo de Lyon, *Adversus haereses*, 4, 4, 3. «El hombre es racional, y por ello, semejante a Dios; fue creado libre y dueño de sus actos».

6. ACTITUD:

«En el fútbol también hay milagros»

En uno de mis destinos compartí momentos maravillosos con los padres de familia del colegio, y resulta que uno de ellos era el dueño del equipo de fútbol de la ciudad. Conociendo él mi pasión por el fútbol, me invitó a ser el capellán del equipo. Tenía una gran relación con él, dado que me encargaba de los voluntariados para sus hijos en el colegio. Sentí una gran emoción, poder acompañar en el ámbito espiritual, el mío, claro, a jugadores profesionales, era un reto maravilloso. Poco a poco iba conociendo a todos, primero a los jugadores, luego al cuerpo técnico, también a los administrativos, vigilantes, etc. Tampoco era muy difícil, mi carácter me ayuda, me dejas solo en una plaza con un columpio y un banco y acabo haciéndome amigo del columpio, del banco, de los árboles y de las piedras... es un decir. La actitud positiva ayuda mucho en la vida y la encontré en todos los trabajadores del equipo. Se trabaja mucho mejor cuando todos eran capaces de colaborar en lo necesario. Era muy bonito ver su profesionalidad. Hablamos de una liga profesional, y como tal, se notaba el compromiso y trabajo de la gente.

Todos tenemos pasiones, todos tenemos aquel deporte, juego o hobby que nos encanta, que practicamos durante largo tiempo y que, en el fondo, nos ayuda mucho a desconectar de nuestro día a día y poder coger oxígeno. Sin duda, nuestra actitud cambia, pero es difícil a veces poder encajar en nuestra apretada agenda el tiempo para ello. Cuando no lo logramos, sentimos que nos ha faltado algo, sentimos que el tiempo no lo hemos aprovechado bien, cuando, en realidad, hemos cumplido con las obligaciones y ellas deberían hacernos sentir satisfechos. Qué curioso que nuestra actitud pueda cambiar tanto y sea tan vulnerable. Si recordamos el relato de la creación, hasta Dios al ver que todo lo que había hecho era bueno, descansó al séptimo día[1].

El mundo del fútbol, «el deporte rey», así llamado, abarca casi todas las realidades. Puedes estar en cualquier lugar del mundo y hablar de fútbol, conoces a alguien y siempre sale el tema del fútbol, ves jóvenes y adultos con camisetas de su equipo por todos sitios, para quedar con amigos siempre es una buena excusa ver un partido de fútbol... En fin, es un deporte muy exitoso, sin

[1] Gn 2, 2.

infravalorar el resto, claro. Bueno, pues también en el fútbol hay milagros.

Yo me dejaba caer en los entrenamientos, echábamos al final, como ellos dicen, una «cascarita». Era muy divertido, y no faltaba el día en que, sentados en el césped, charlábamos un rato sobre la vida y Dios, siempre acompañados de un buen mate. Compartir con ellos todos estos momentos fue un gran regalo. Y no olvidaré el primer encuentro con el entrenador, digamos que no pintaba bien la cosa. Ese día estaba el presidente con su equipo y el entrenador firmando el nuevo contrato, me llamaron para que fuera y así presentármelo. Llegué, no sin antes sortear a los periodistas, entré en las oficinas y todavía estaban en el acto de la firma. Al salir, el presidente llamó al entrenador y me lo presentó. Todo muy correcto hasta que nos quedamos solos el míster, su representante, el director de la academia y yo, fue entonces cuando el míster me dijo:

—Pater, tú estás aquí por él (señalando desde la distancia al presidente), pero a mí todo esto (señalándose el cuello para referirse al alzacuellos de sacerdote que yo llevaba) no me gusta.

Claro, tenía que pensar algo rápido para poder responder. A la vez debía reclamar mi lugar, pero respetar su decisión por ser el entrenador del primer equipo... sin saber cómo, me salió la respuesta:

—Jo, pues perfecto, nos vamos a llevar de puta madre.

Se echó una carcajada, nunca lo olvidaré. Estuvimos juntos todo el tiempo que entrenó al equipo, compartiendo comidas en restaurantes y en su casa, viajes con el equipo, conocí a su mujer e hijos, puedo decir que nos hicimos amigos y a día de hoy por supuesto que sigue esta amistad, he estado en su casa y hasta en su cocina, quedamos una o dos veces al año. Un gran tipo, un gran profesional y, lo mejor, una persona excelente. Incluso, de vez en cuando, algo de Dios hablamos y tiene más fe de la que se imagina.

Ante situaciones iniciales que pueden ser adversas, la actitud es la clave para poder darle otro enfoque; para poder, en definitiva, ver cómo logras encauzar la realidad con lo que tienes, de cara al objetivo final. Yo lo tenía claro: poder ofrecer mi apoyo sacramental y espiritual a todos los miembros del equipo. Era mi objetivo, ilusión y deseo, y era algo bueno. Entonces, tenía que ver la actitud que tomaba frente a esa especie de «amenaza» del entrenador. Opté por tomar una actitud conciliadora, bromista, cercana pero profesional, y este es un lenguaje universal. Por eso funcionó, con la grata sorpresa de que una relación de amistad por la que nadie hubiera apostado se ha convertido en una realidad maravillosa.

En el fútbol, obviamente, el resultado es lo importante, todo depende de que una pelota entre o no en la portería. Y se nota mucho en el ánimo, en la motivación, en la confianza. Yo buscaba siempre animar a los jugadores, repetirles lo importante de creer en su trabajo, creer en sus posibilidades, siempre en equipo, donde todos somos importantes, donde todos sumamos; si acierta uno, acertamos todos y si se equivoca uno, nos equivocamos todos[2]. Más allá del trabajo físico, técnico o táctico, es trabajo de gestión humana[3]. No es fácil llevar un vestuario. El acierto de la directiva y del cuerpo técnico hizo que la marcha del equipo fuera envidiable. Mantuvimos el liderato casi toda la liga y pudimos clasificarnos para las eliminatorias finales.

Nunca lo olvidaré, fue en el partido de vuelta de la final, jugábamos en casa. El escenario inmejorable, más de cincuenta mil aficionados, el estadio lleno, teníamos que remontar un gol y poder, así, proclamarnos campeones. Horas antes del partido, los jugadores se concentran, no solo colectivamente, sino especialmente en lo personal. No es momento de charlar de la vida con ellos, están enfocados, una palabra, un gesto, una mirada. Todos sabemos lo que viene, y todos estamos focalizados en ello. Estuve en el vestuario en los minutos previos de saltar al campo, gritos de ánimo, cada uno se prepara a su manera siguiendo sus múltiples corazonadas, yo tenía el balón en mis manos, como siempre. Ya estaban todos cambiados y el míster da la orden, todos en círculo. Este me busca con los ojos y es el momento, le doy el balón. Lo coge y se pone en medio de ellos, en el círculo, les da la última arenga, que no llega

---

[2] «Nadie es imprescindible pero todos somos necesarios», dicho popular.

[3] «El talento gana partidos, pero el trabajo en equipo y la inteligencia ganan campeonatos», frase atribuida a Michael Jordan.

al minuto, motiva y da las claves del partido. Ahora toca el rezo del padrenuestro y avemaría todos juntos, lo inicio yo y al finalizarlo les doy con fuerza y ánimo la bendición.

Yo me dirijo al palco para poder seguir el partido con el «presi», los directivos y los diversos invitados. Sentía mucho nervio yo también, me recordaba a mis tiempos de jugador. Llegué hasta la división de cadete en el equipo profesional de mi ciudad, pero luego me centré en jugar con mis amigos del colegio. El partido fue apasionante, tan apasionante que empezamos perdiendo, se le dio la vuelta, y pudimos vencer. ¡Lo logramos! ¡Somos campeones! Al escuchar el pitido final, bajé corriendo al vestuario, quería felicitarles, abrazarles, decirles que lo habían conseguido, que todos estábamos orgullosos. Fueron llegando, irradiaban felicidad, las botellas de agua volaban, pocas veces en mi vida he compartido una felicidad tan grande. Cantos, música, gritos... el momento de exaltación era grande.

Uno a uno les iba felicitando, acabé empapado, pero eso daba igual. Lo importante era que nuestro esfuerzo había encontrado la recompensa. Fue entonces cuando Pedro me llama, allí estaba, emocionado sentado frente a su taquilla. Pedro era un jugador clave en el equipo, titular indiscutible, una de las estrellas. Voy hacia él lleno de alegría, nos abrazamos y le digo lo muy orgulloso que estoy de él. Y en voz baja me dice algo:

—Pater, tengo una gran ilusión, quiero hacer la primera comunión.

Sin duda me sorprendió, quizá era lo menos pensado de escuchar en un momento y lugar así. Enseguida me alegré y le felicité por la decisión. Le respondí:

—Por supuesto, Pedro, qué maravilla, cuenta conmigo y no sabes lo feliz que está Dios contigo.

Y así fue, Pedro haría la primera comunión. La organizamos unos meses después, pude darle varias catequesis y él las aprovechaba como si fuera un niño de primaria. Ilusionado, motivado y, sobre todo, feliz, muy feliz. Siempre me pidió discreción, quería que fuera algo personal, compartirlo solo con su familia y algunos amigos. Y así lo hicimos, nada de prensa y nada de cámaras.

Fue un milagro maravilloso, sin duda, así lo creo. Ante el éxito y la felicidad máxima de ser campeón necesitas algo más, algo más grande, algo eterno, algo sagrado, mejor dicho... necesitas a Dios. Esa fue la manera en la que Pedro se reencontró con Dios. Tenemos el hábito, y no es malo, de acudir a Él solo cuando nos pasa algo malo, alguna desgracia o intención por la que pedir[4]. Y nos podemos olvidar de acudir a Dios también en las alegrías y en la felicidad, para darle gracias y disfrutar con Él[5]. Como decía un amigo mío, la palabra «suerte» es el nombre que recibe Dios cuando le hacemos permanecer en el anonimato. Si es malo lo que nos pasa, es culpa de Dios y, si es

[4] Mt 7, 7.
[5] Sal 136.

bueno, he tenido suerte... nada más lejos de la triste realidad.

La celebración se alargó, los jugadores, sus familias, la directiva, los invitados, todos fuimos al césped con el corazón rebosante de felicidad. Los aficionados no se movían, seguían vibrando por el título conseguido. Me entrevistó una televisión internacional de deportes, tenían cierta curiosidad al ver a un sacerdote con el equipo. Les compartí mi trabajo, el acompañamiento personal a los jugadores, las misas que íbamos teniendo como equipo a lo largo de la temporada, mis viajes con ellos en las eliminatorias finales, y todo el camino hasta la victoria, afirmándoles que lo que le pedíamos a Dios en nuestras misas y oraciones era que recompensara el trabajo de todos estos profesionales. Un trabajo constante y sacrificado[6]. Y así fue, un milagro más. Y es que, como en los milagros de Jesús en el Nuevo Testamento, siempre nos pide fe, nos pide nuestra parte, por pequeña que sea, y Él se encarga del resto. Todo milagro es la consecuencia de nuestra fe, es gracias a nuestra fe. Es el premio de Dios a nuestra fe[7].

---

[6] «Las grandes obras son hechas no con la fuerza, sino con la perseverancia», Samuel Johnson.

[7] Lc 18, 42-43.

7. IDEAL:

«Un piloto siempre ve el sol»

Cuando eres pequeño, son muchas las cosas que a uno le sorprenden. Nos quedamos anonadados al ver, por ejemplo, un animal, sus reacciones, movimientos y múltiples sonidos que nos impactan, o también un dibujo animado o juego interactivo, sus colores e imágenes nos absorben... y, cómo no, también nos quedamos estupefactos cuando observamos un avión. Cuando varias toneladas empiezan a volar, cualquiera se pregunta: ¿cómo es posible? Está claro que cuando uno es pequeño, por más aerodinámica que le expliquen, no logrará entenderlo. Resulta que ese avión volando es un auténtico misterio. Me recuerda a la escena de la vida de san Agustín narrada por la tradición. Cuando paseaba por la playa dándole vueltas a la cabeza sobre el misterio de la Santísima Trinidad, ve a un niño en la orilla del mar recogiendo agua con un cubo para vaciarla en un agujero que había hecho en la arena, y la escena se va repitiendo, el santo se acerca y le pregunta: «¿Qué haces?». El niño responde: «Estoy sacando toda el agua del mar y la voy a poner en este agujero». San Agustín le responde: «Eso es imposible». Y el niño afirma: «Más imposible es tratar de comprender en tu pequeña mente el gran misterio de Dios».

Podemos decir que son muchos los misterios que nos acompañan cada día. Muchos de ellos son bonitos, son hermosos, son un regalo. Otros no lo son tanto, nos desaniman, nos entristecen o nos dejan pensativos. Llamamos misterio a lo que no logramos dar una explicación razonable, es decir, a lo que no entendemos, por más que nos lo expliquen. Si nos referimos a lo sagrado, podemos entender que es más lógico el misterio, dado que son realidades sobrenaturales, intangibles y que con un argumento o teorías humanas no podemos explicar, esto tiene cierta lógica. El paso siguiente es la fe, confiar en un Dios revelado que nos ha enseñado lo más importante para que, por un lado, nos realicemos humanamente y, por el otro, podamos alcanzar la salvación eterna, siendo siempre un don y un regalo[1].

Pero también encontramos misterios, por así llamarlos, «humanos». Estos nos desorientan más, nos inquietan, nos hacen perder la paz y, por más que le demos vueltas a la cabeza, no encontramos respuestas. Lo que era un ideal se empieza a nublar. No podemos comprender actos humanos horrorosos, dolor que nos causamos, guerras y hambre que nos rodean, pareciera que somos

---

[1] Ef 2, 8-9.

enemigos unos de otros. No logramos entender y, por ende, aceptar el mal que tristemente constatamos entre familias, entre amigos o entre compañeros. Cuántos conflictos, cuántas desgracias, en el fondo, cuánto odio y cuánta soberbia en el ser humano.

Volviendo a los aviones y su gran admiración, el misterio de niño logra desvanecerse cuando eres adulto y te explican las cuatro fuerzas fundamentales de la aerodinámica; sustentación, peso, empuje y resistencia, y como consecuencia tenemos el principio de Bernoulli[2], que con esta fuerza opuesta se impulsa el avión hacia arriba. Claro ejemplo de lo que era un misterio humano que pasa a tener una explicación racional. Ya no hay misterio. Vivimos nuestra vida con un poco de todo, misterios que dejan de serlo, misterios que se quedan en misterio, misterios que nos llevan a tener más fe, misterios que nos desaniman y entristecen... y por ello siempre me acuerdo de la frase que me dijo un amigo piloto que encierra un ideal de vida: «Un piloto siempre ve el sol».

La frase es muy cierta, claro, menos cuando se vuela de noche. Pero en cualquier vuelo comercial de larga distancia, el avión supera la altura de las nubes y se encuentra con el majestuoso sol. Ya puede estar nublado en tierra, o llover y tronar, que el piloto y su avión verán el sol. Es quizá un ejemplo para la vida, podemos también aplicarla en nuestro día a día. Los ideales siempre brillan, siempre es-

---

[2] «Hydrodynamica». Britannica Online Encyclopedia.

tán iluminados. Por más problemas que tengamos, hay más soluciones, por más malas noticias que nos den, son más las buenas, por más tristezas que sintamos, son más las alegrías. Lo que es el sol para el piloto, podríamos decir que es luz, claridad y confianza para nosotros. Así me gustaba pensarlo y aprender de la frase para vivirla en mi día a día.

Los ideales en la vida se trabajan, requieren constancia y esfuerzo. Son muchos los enemigos y bastantes las situaciones que nos empujan fuera de ellos. Nada que no nos hubieran dicho, pero lo que está claro es que precisamente porque son ideales, porque son metas, porque queremos llegar a ellos, los debemos mantener siempre presentes y bien claros. No vale taparlos, no vale esconderlos y sacarlos cuando me conviene, lo único que vale es defenderlos y vivirlos. Como el piloto con el sol, siempre está allí y siempre hay que verlo.

Pero la verdad, me faltaba algo en la frase, era muy sencilla, muy buena pero no se podía aplicar perfectamente por lo de la noche o incluso con nubes altas, el sol podía no estar... y por ello decidí cambiarla. Esa frase tan buena que me dijo mi amigo piloto ya no me funcionaba a la perfección, y mira que la había repetido muchas veces y sigue teniendo gran impacto y es muy cierta. Pero, la verdad, me quedo con la nueva frase.

Esta sí que se aplica en todo momento y en todo lugar, esta sí que logra abarcar todo y consigue salir fortalecida independientemente de las circunstancias. Esta frase es capaz de cambiar no por fuera, sino por dentro, nuestro corazón. No es una frase superficial, es una frase profunda. No es algo que pase de moda, es algo perenne. No es una frase para quedar bien, es una frase potente. Un ideal claro y firme. En definitiva, no es solo una frase bonita, es una frase efectiva. Y la frase es: «Un cristiano siempre ve a Dios».

Jugando con la frase del piloto, llegué a la conclusión de esta otra frase. Mi pasión por los aviones me había llevado a una certeza grande en la vida. Ser capaz de encontrar la presencia de Dios en los distintos acontecimientos de mi vida[3]. Unos, para saberle agradecer, otros, para pedirle ayuda, muchos, para pedirle perdón, algunos, para encontrar consuelo, y todos, para vivir en el amor. Ver a Dios en nuestro día a día, los cristianos tenemos este gran regalo, un Dios que no se olvida de nosotros y, sin embargo, somos nosotros los que nos olvidamos de Él. Somos un horizonte vertical, como decía mi profesor de la universidad, terrenos, pero divinos, humanos, pero trascendemos. Por ello, el contacto con lo sagrado no tiene que ser algo escaso o puntual, más bien lo contrario, algo común y normal. Un ideal te mantiene siempre en el camino, en el esfuerzo, en la perseverancia, en la lucha y el esfuerzo. Un cristiano siempre ve a Dios, cada vez que me repito esta frase, más me gusta. Gracias a mi amigo piloto, pude aplicar su frase a la fe.

---

[3] Col 1, 16.

El ideal de nuestra vida está claro, es Dios. Y sin duda debe ser el motor que dé la fuerza para seguir adelante. Y no hay problema, porque este motor no se estropea, nunca le faltará combustible, nunca se parará. Trabajará sin descanso con un único objetivo: ayudarnos a ser felices llenándonos el corazón de eternidad. El peligro está en distraernos, en poner la atención en las cosas malas, en fijarnos más en los defectos que en las virtudes, en desanimarnos enseguida cuando experimentamos el fracaso. Me ayuda mucho recordar en estos casos la célebre frase: «Hace más ruido un árbol que cae, que un bosque que crece»[4], y es así. Nos llama más la atención y nos centramos a veces en ese árbol caído, pero si miramos alrededor, vemos miles de árboles creciendo llenos de vida. Ponernos las «gafas» de lo bueno, de lo positivo, no hay que ser ingenuos, pero sí optimistas y realistas, y la realidad es que hay mucha gente buena haciendo cosas buenas, hay muchas buenas noticias que superan las malas. Como dice san Pablo: «Vence al mal con el bien»[5].

Años después pude volver a encontrar a mi amigo piloto y le conté el cambio que le había hecho a su frase. No le gustó mucho, dado que no era muy creyente que digamos, pero lo que sí me dijo es que yo tenía un gran privilegio por ser capaz de estar en contacto tan asiduo con Dios. Él lo había intentado, pero no lo había conseguido, me confió. Eso nos dio para charlar un rato, le aseguré

---

[4] Proverbio del que se desconocer su autor.
[5] Rm 12, 21.

que el camino más fácil y rápido que existe es el de volver a Dios. Pero a Dios, no a un Dios fabricado a tu gusto y medida, no, a Dios tal cual, como se nos ha revelado lleno de amor y misericordia[6]. Él sentía que no, que Dios no podía ser tan bueno, que él se había equivocado mucho en su vida y Dios no le podía perdonar... y aquí estaba el problema. Era más duro él consigo mismo, que Dios con él. Quizá en su vida se había equivocado de ideal, se había confundido ante tanta oscuridad. Dios no solo perdona, sino que sana, y nosotros a veces no somos capaces ni siquiera de perdonarnos o aceptar ser perdonados. Sanar significa aceptar la debilidad, aceptar la realidad, reconocer tu límite, arrepentirte de corazón, darte cuenta de que necesitas ayuda, darte cuenta también de todo lo bueno que haces, es un camino, es un proceso. Y caminarlo solo es una pena. Ese sol que siempre ve el piloto, esa luz que ilumina nuestro camino, esa seguridad que puede con todo, era Dios, y para mi amigo empezó a ser la coordenada de su vida. Seguirla fue el desafío más grande de su vida, y mira que ha pilotado aviones grandes.

Acabo como empecé, cuando somos niños, no entendemos cómo es posible que un avión vuele. Cuando somos adultos, seguimos sin entender muchas cosas, y todavía mucho más importantes que saber cómo un avión vuela. Vivir con ideales claros es importante, un ideal te hace luchar con esfuerzo, te ofrece seguridades, te mantiene orientado porque no cambia, irradia luz, que se con-

---

[6] Ef 2, 4.

vierte en faro para el camino. Quizá ha llegado el momento de levantar la mirada y dirigirnos a Quien sí puede darnos respuestas, a Quien sí puede saciar tu inquietud o inseguridad, a Quien sí ofrece garantías y a Quien te lo ha demostrado todo, cumple su Palabra, te acompaña siempre y es fiel. Jesucristo es el mayor ideal de vida, es una Persona que está «locamente» enamorado de ti. Ojalá camines y puedas decir con firmeza: «Un cristiano siempre ve a Dios».

8. ACEPTAR:

«A su tiempo, todo lo entenderás»

Tenemos una vida más maravillosa que triste, lo que pasa es que las experiencias negativas nos opacan y dejan, en ocasiones, heridas difíciles de gestionar e incluso superar. Buscar la felicidad nos iguala como personas, y quien diga lo contrario no estará diciendo la verdad. Nadie busca ser infeliz, nadie busca vivir amargado, nadie quiere ser un desgraciado. Todo esto son consecuencias fatales que llegan por distintos caminos. Pero en lo que todo nos pondremos de acuerdo es en que la felicidad nos gusta, la queremos, la preferimos. Y esta felicidad que queremos para nosotros la deseamos para los demás, empezando por nuestra propia familia, los amigos cercanos, gente que estimamos, queremos que todos sean felices y así se lo decimos en cualquier oportunidad que tengamos. Y es bonito, muy bonito, desear el bien y la felicidad a otros.

El culmen para superar un duelo o sufrimiento es la aceptación. Y es que aceptar algo que no depende de nosotros es difícil. Podemos aceptar, y aun así nos cuesta, las cosas que dependen de nosotros: un error de cálculo, una falta de estudio para un examen, una metedura de pata en una conversación, una llamada equivocada, etc. Estos errores los habremos cometido nosotros, nos daremos cuenta de por qué nos hemos equivocado, pediremos perdón si es necesario, aprenderemos para la próxima vez; en definitiva... podremos aceptar porque tenemos razones y reflexión analítica que nos enseñará. ¿Pero qué pasa cuando algo malo, o muy malo, te ha ocurrido y no ha dependido de ti? Quizá una enfermedad, un fallecimiento, un cambio de planes no esperado, o simplemente una negativa ante un proyecto donde todos los elementos son perfectos, pero ha habido alguien que ha dicho que no. Refugiarnos en la fe es un gran consuelo, nos puede ayudar mucho, identificarnos con el mismo Jesucristo o con algún santo al que le tengamos devoción es garantía de esperanza en el proceso de superación personal. Dios no es ajeno a nuestros males, se involucra y te acompaña[1].

Sin duda, la aceptación es difícil y tiene un camino diferente en cada realidad y en cada persona. Voy a compartir dos experiencias completamente distintas en las que me ha tocado acompañar la lucha por la aceptación.

Patricio

La primera ocurrió hace bastantes años en el colegio, yo apenas estaba empezando mi trabajo docente. Me pu-

---

[1] Jos 1, 9.

sieron a cargo de los chavales de secundaria y bachillerato, lo bueno es que tenía a mi lado a un gran maestro, el sacerdote que se había encargado antes de ellos, y yo aprovechaba cada detalle para preguntar y aprender. Poder echar una mano a los chavales era muy bonito y ver la confianza que te tenían, mucho más. Pero como todo en la vida, sin saber cómo ni por qué, ocurrió ese fatídico accidente. Uno de los chavales mayores, de dieciséis años, sufrió un accidente al girar en una rotonda, su coche salió dando vueltas y él dentro. Ocurrió a primera hora de la noche, Patricio iba bien, no dio positivo en ninguna prueba ni de alcohol ni de drogas, al parecer fue el otro conductor el que se saltó una señal y lo embistió con fuerza por error. El coche de Patricio era uno de esos que más que un coche parecía una hojalata con ruedas, se autorizaba a conducirlo a menores de dieciocho años como si de un ciclomotor se tratara, pero la protección de la carcasa era de todo menos como la de un coche. Por ello, Patricio sufrió graves consecuencias, lo ingresaron en la UCI del hospital, estaba en coma.

La noticia me llegó esa misma noche y lo primero que hice fue ir a rezar a la capilla por Patricio y por su familia. Algunos mensajes de sus compañeros me llegaron, trataba de serenarlos, ya me imaginaba al día siguiente en el colegio cómo estarían todos. Viendo cómo la información vuela, seguro que todos ya lo sabían. Y así fue, escucharles, confortarles, animarles, serenarles… durante toda la mañana en el colegio ese fue mi trabajo. Patricio era un chico muy social y deportista, alegre siempre con todos, con ganas de todo, etc. No se lo podían creer, cómo le podía haber pasado a él. Pareciera como que lo malo solo le puede pasar a gente aburrida, sin amigos, tristes y apagados. Pues, nada más lejos de la realidad, los accidentes nos pueden ocurrir a todos, seamos quienes seamos y tengamos lo que tengamos.

El coma de Patricio se alargó mucho y el riesgo de secuelas crecía. El trabajo con sus compañeros fue muy difícil, lograr la aceptación de lo ocurrido se convertía en una tarea casi imposible. Se organizaron varias adoraciones Eucarísticas y rezos del rosario para pedir por su recuperación, ofrecíamos misas por él, la familia no se perdía nada y estaba muy agradecida por todo el apoyo que recibían. Fueron días donde al charlar con los amigos de Patricio se planteaban temas profundos, temas fundamentales, temas con importancia... será porque, al ver de cerca el accidente de un amigo que se está debatiendo entre la vida y la muerte, ya no te importa la fiesta, la moto o los viajes. Patricio, a través de su situación nunca querida ni deseada, se estaba convirtiendo en maestro para todos. En la vida hay cosas importantes y menos importantes, y dentro de las importantes están las más importantes. Jerarquizar nuestros principios, nuestros proyectos y nuestro tiempo es clave.

Gracias a Dios, no llegamos al mes del coma, Patricio pudo recuperarse. Esa tarde tuve una experiencia muy profunda en mi oración que acabó con una llamada. Poco tiempo después, Patricio había despertado. Esta experiencia me la guardo para otra ocasión, solo le doy gracias a Dios por este regalo. La memoria del chaval había quedado mermada junto con una serie de problemas de coordinación y movimientos. Pero estaba vivo y eso era lo único importante. Contemplarle, charlar con él, verle sonreír, sentirle respirar, la mirada penetrante desde la camilla del hospital, todo valía la pena, todo se disfrutaba más después del susto, la familia solo le daba gracias a Dios y a todas las personas que estuvieron dando su apoyo. A Patricio le quedaba una larga recuperación, todos buscamos ayudar desde el primer día; sus amigos y compañeros estuvieron siempre volcados con él, nunca estaba solo. El camino de aceptación iba creciendo gracias a Dios[2].

Cuando las cosas te van bien, no faltan la personas a tu alrededor, pero cuando no van tan bien, empiezan a escasear. En los momentos difíciles y duros, lamentablemente, disminuye el número de amigos, pero crece en intensidad la relación con los que te acompañan. Es el camino, es la realidad, por un lado, tristeza y, por el otro, orgullo. Aceptar la realidad, buscada o no buscada, querida o no querida, es muy importante. Llevará su tiempo, hay que buscar no estar solos, serán pocas las personas que me acompañen en este proceso, pero valiosas y clave. A partir de esta aceptación se construye, sabes dónde estás y de dónde partes, conoces tus límites y posibilidades, en definitiva, la aceptación es el punto de partida para crecer a todos los niveles, pero el más importante es el de la vida interior, el

---

[2] Lc 22, 42.

corazón. He visto a Patricio un par de veces desde ese momento, el trabajo me llevó a otro país, pero me llenaba de consuelo seguir a distancia su recuperación interesándome por él muy a menudo.

Cayetano

Compañeros inseparables éramos y seguimos siendo Cayetano y yo. La vida te ofrece oportunidades de conocer a personas, y muchas de ellas son especiales, nunca lo hubieras podido imaginar, pero la realidad se impone. No soy de la idea de pensar que son casualidades, yo creo en el destino[3]. Y es maravilloso constatar que este destino, al que muchos le llamamos Dios, no deja de sorprenderte una y mil veces. Y es que precisamente Dios fue el «culpable» de que Cayetano y yo nos conociéramos. La razón fue que entramos en el seminario el mismo año, los dos sentimos, sin conocernos de nada, la llamada a entregar la vida al Señor junto con otros muchos compañeros. Porque sí, Dios no deja de llamar[4], lo que pasa es que no tenemos bien sintonizada la frecuencia. Entre otras muchas coincidencias, tanto a Cayetano como a mí nos apasionaba el fútbol, nos gustaba el buen ambiente y la fiesta, y habíamos tenido novias. No llegábamos a los veinte años de edad y podíamos afirmar que mal no lo habíamos pasado.

---

[3] Jr 29, 11.
[4] Jn 15, 16.

Entrar en el seminario fue un cambio muy grande, para qué nos vamos a engañar. Enamorarte de Jesús, fortalecer buenos hábitos, aprender cosas nuevas, identificarte cada vez más con lo que sería un nuevo estilo de vida, etc. Una de las cosas que más recuerdo era la diversidad de caracteres y temperamentos que había, de todos aprendías algo, y también, cómo no, de algunos te distanciabas al no sentirte a gusto. Era una de las enseñanzas que nos inculcaban, relacionarnos con todos y no tener amistades particulares. Se hacía lo que se podía. Aceptar un llamado, una misión, un proyecto es bonito pero inseguro a la vez. Es iniciar, no continuar, por lo tanto, todo es nuevo. Y aceptar la llamada de Dios quizá cobra un cariz bastante distinto, no es elegir entre ingeniería o económicas, no es comprarte este o aquel coche, se trata de consagrarte o no consagrarte a Dios con todo lo que ello implica. Siempre me ha ayudado recordar la frase: «No niegues en la oscuridad lo que has visto claramente en la luz», me la escribió en una postal del papa san Juan Pablo II mi buen amigo Pedro cuando me fui al seminario.

Cayetano y yo estuvimos varios años juntos antes de salir a trabajar pastoralmente, de hecho, teníamos un buen grupo de amigos con algunos compañeros más. Cada uno fue a un país distinto, serían tres años maravillosos de trabajo, aprendí mucho, mantengo amistades muy especiales allí y, siendo sinceros, en este tiempo la relación con Cayetano se difuminó bastante. Era normal, estábamos volcados en nuestras responsabilidades, no parábamos, bastantes kilómetros nos separaban y, lo más importante, éramos felices. En lo personal, durante esos años me enfrenté a muchas realidades que habían quedado olvidadas al entrar al seminario. Realidades necesarias de afrontar, madurar, reflexionar y encauzar. Unas veces mejor y otras peor, pero experimentar la misericordia, el amor, la coherencia, la confianza, la soledad... fue clave en mi camino. En esos momentos fue todo un aprendizaje que me ayudó mucho.

Tuvimos una actividad internacional en la que nos encontramos muchos compañeros, Cayetano entre ellos. Era justo el mes antes de volver al seminario para la última etapa previa a la ordenación. Nunca lo olvidaré. Estábamos en nuestro último año de pastoral, era lógico el desgaste, pero también lógica la ilusión de volver para afrontar la recta final. Eran sentimientos encontrados. Y sumando la complicada situación institucional con la huida de muchos compañeros, francamente nos necesitábamos más que nunca si lo que queríamos era continuar. Esos eran momentos donde agradeces tener amigos de verdad. Buscábamos seguir aceptando el llamado, buscábamos realizarnos en esta vida por medio de la entrega a Dios, buscábamos, y esto lo teníamos muy acentuado, ayudar a los jóvenes y a tantas personas para que fueran felices y lucharan siempre con confianza frente a las dificultades, buscábamos sobre todo responder a la vocación a la que Dios nos llamaba con humildad[5].

---

[5] Jr 20, 7.

Pero, oh bendita humanidad que todos experimentamos, no era fácil. Nos sinceramos Cayetano y yo sobre la posibilidad de dejarlo todo, de volver cada uno a nuestro país y seguir con nuestras vidas que dejamos atrás, encontrar una buena novia, casarnos, recuperar amistades y vivir. Era una opción. Sentados en un gran estadio de fútbol argumentábamos pros y contras de nuestra elección. Había acabado la actividad y el estadio estaba vacío, el ajetreo del día nos había dado una tregua. Allí estábamos decidiendo nuestro futuro, y con oración, mucha oración[6].

Un mes después nos encontramos en el seminario. Correcto, seguíamos aceptando la misión a la que Dios nos llamaba, poco a poco esas dudas se fueron disipando y con gran confianza caminamos hacia el sacerdocio. El grupo de amigos se fortaleció, muchos nos quedamos y otros no siguieron. Nadie se había equivocado, porque cada uno seguía en conciencia la vocación y misión a la que Dios le llamaba, y esta podía ser diferente. La vida no es estática, la persona está en constante desarrollo, son muchos los factores que intervienen en la toma de decisiones, y son también muchas las inseguridades que aparecen. Oración, reflexión, consejo y decisión. Apoyar a todos para que podamos tomar buenas decisiones es importante.

---

[6] «Cuando sientas que no te quedan fuerzas para mantenerte de pie, arrodíllate ante Dios», autor desconocido.

De esta etapa final previa a la ordenación no voy a compartir lo vivido a nivel personal. Quizá no estoy preparado todavía para hablar de ello sin tristeza y dolor o quizá simplemente no me apetece. Experimenté muchas cosas y todas importantes, hablo de fe, hablo de amor humano, hablo de la carne, hablo de amistad, hablo de familia, hablo de dudas, hablo de sacrificio, hablo de injusticia, hablo de oscuridad... Gracias a Cayetano y mi grupo de amigos, pude salir adelante, ellos, sin duda, fueron mis ángeles en esos momentos. Uno de ellos me preguntó a qué santo le tenía más devoción y no dudé en decirle san Juan Bosco. Siempre me había atraído, un sacerdocio vivido al máximo, por los jóvenes, feliz y pleno.

Investigó y me llevaron a una iglesia dedicada a él en la ciudad. Me emocioné y fuimos a pedir su intercesión, solo quería rezarle y pedirle ayuda, eran momentos en que lo necesitaba más que nunca. Al llegar me arrodillé ante un altar lateral donde había celebrado Don Bosco y, a lágrima viva, le pedí su intercesión, su ayuda, su fuerza. Oh sorpresa cuando me pude fijar en un cartel que estaba al lado del altar en el que se explicaba que Don Bosco compartió allí un sueño que tuvo de pequeño donde María le decía: «Tutto a suo tempo comprenderai» ('a su tiempo todo lo entenderás')[7]. Eran palabras que en mi situación tenían todo el sentido, parecían dichas expresamente para mí. Estaba bloqueado en lo inmediato, con miras muy cortas, inmediatas y perdí de vista el horizonte. Estas pala-

---

[7] F. Villanueva SDB, *Los sueños de San Juan Bosco,* tomo 1, pp. 122-126.

bras me llenaron de paz, agradecí y salí de la iglesia completamente renovado y preparado. Una vez más, aceptar el camino había sido duro, me había costado mucho, pero entendí que no solo se trataba de mi camino, sino de nuestro camino, el de Dios y mío.

Llegó el día de la ordenación, y, cómo no, Cayetano y yo estábamos uno al lado del otro. Tanto que habíamos sufrido y compartido en estos años que no podíamos vivir este gran momento a distancia. Y mira que liamos un poco la organización porque al principio, en los ensayos, no nos tocaba juntos, pero lo logramos una vez más. Un don inmerecido, un regalo sobrenatural, Dios nunca había estado ausente, tampoco las personas que me habían acompañado en este largo camino, era sacerdote para siempre, con ganas de ayudar y entregarme a los demás. Aceptar una vez más lo que en el fondo de mi corazón nunca había sido una duda, es cierto que había pasado momentos difíciles, muy difíciles, pero la voz del Señor siempre estuvo allí.

Mi gran amigo y yo fuimos destinados juntos a su país a trabajar, en ciudades distintas, pero en el mismo trabajo. Íbamos haciendo cada uno su camino, hablábamos mucho y también nos veíamos con cierta frecuencia. En su camino ministerial, por cierto, lleno de éxito y buenas obras, que al final es lo que vale ante Dios, Cayetano fue experimentando la necesidad de compartir la vida con otra persona, lo que de toda la vida se llama matrimonio. Me iba contando, iba discerniendo, iba orando y lo más importante era que este camino lo hacía junto a Dios. A todos nos puede pasar que sintamos otra llamada, o que pensemos que quizá nuestro camino es por otra dirección. No hay problema, pero lo que no puede faltar es un buen discernimiento con los cuatro elementos importantes: oración, reflexión, consejo y decisión.

La vida no son decisiones rápidas ni precipitadas, nos merecemos algo más importante, más digno. Para Cayetano, aceptar eso que había descartado hacía tantos años por un gran acto de fe y generosidad, era complicado. Son demasiadas las preguntas, pero son más las respuestas. En mi cabeza me dolía la posible pérdida de mi gran amigo sacerdote, que ya no compartiéramos esta vocación por la que tanto habíamos sufrido, pero acto seguido pensaba que lo que nunca perdería con él era la amistad. Seguiría siendo uno de mis mejores amigos, él me conoce y yo le conozco, este es el tesoro que nunca jamás desaparecerá.

Y así fue, Cayetano inició un nuevo camino de felicidad, lo que había vivido hasta el momento no era para nada tiempo perdido, al revés, lo había dado todo por Dios, todo por los chavales, todo por los jóvenes, todo por tantas y tantas personas y ahora... sigue dándolo todo, pero de otra manera. Su pasión y bondad nunca desaparecerán y ese es el tesoro que custodia en su corazón. Y como no podía ser de otra manera, tuve el honor y privilegio de celebrar su Santo Sacramento del Matrimonio. Aceptar muchas veces se convierte en lo más difícil, pero esa aceptación por algo bueno, grande, necesario, que, por supuesto, alberga sacrificio, lucha y constancia, es, sin duda, lo que más feliz nos hará en la vida.

9. PACIENCIA:

«El dolor de un hijo rebelde»

Su nombre es Alfredo, de los regalos más bonitos que me ha dado Dios. Conocerle a él y, por supuesto, a su familia se ha convertido en un gran tesoro de mi corazón. Hemos compartido demasiadas cosas, demasiados momentos, demasiadas penas y demasiadas alegrías. Lo conocí cuando apenas tenía diez años, su hermano mayor ya participaba en las múltiples actividades que organizábamos, era un auténtico crack jugando a fútbol. En cada torneo, la gente disfrutaba al verlo y varias veces nos hizo campeones. La familia de Alfredo ha sido, es y será un auténtico testimonio de amor, fortaleza y constancia. No olvidemos que el amor se vive de tantas maneras, a veces es alegría, otras es sufrimiento, algunas desánimo, muchas sacrificio y en todas felicidad. Enseguida me enamoré de esta familia, no había ninguna apariencia, todo era real, y ahí está lo genuino, lo que atrae de las personas, no hay miedo a la vulnerabilidad, todos nos necesitamos.

Alfredo ya apuntaba maneras, un niño —que luego chaval— movido, con ganas de hacer de todo, energía infinita, deportista, obsesivo, intenso y, lo más importante, con un pedazo de corazón impresionante. No tenía miedo a demostrarlo, a hacer el bien, a querer, a sacrificarse, a ayudar… aunque, propio de la edad, en muchas ocasiones se desvanecía la luz de su corazón mezclándose con esa parte de egoísmo y soberbia que todos tenemos, yo el primero. Era una pena que Alfredo nos privara de disfrutar de ese corazón que tenía, porque eran ya demasiadas las veces que perdía la lucha y dejaba que su parte primaria venciera. Eran muchas las veces que en su adolescencia causó dolor, bastante dolor, a la gente que de verdad amaba. Los primeros que sufrían eran sus padres y hermanos, aunque de manera más especial su madre. Cuántas llamadas de teléfono, cuántos mensajes, cuánto sufrimiento… parecía que Alfredo se había propuesto hacer daño a la gente que más amaba, pero ese no era Alfredo.

El ímpetu desenfrenado del chaval no iba en buena dirección, no aguantaba a las personas que le llevaran la contraria y que, en especial, demostraran algo de rechazo por él, no las soportaba. Todavía recuerdo una llamada suya en plena noche porque en una actividad del colegio le habían echado, se había enfrentado a uno de los encargados. Allí estaba andando solo por la calle de madrugada enfadado y lleno de rabia por lo que había ocurrido. Tranquilizarlo por teléfono era mi único objetivo, aguantar todo lo que sacaba por la boca explicándome la injusticia que había vivido… Es una realidad que a todos nos puede pasar, ante una decisión que no compartimos y nos parece injusta, volcamos toda nuestra ira en esa persona que la ha provocado.

No nos paramos a reflexionar ni a analizar los motivos, está claro, somos la víctima, y no han obrado bien con nosotros. Incluso empezamos a recordar más situaciones parecidas que esa persona nos ha provocado, lo importante es tener la razón y, para ello, engordamos argumentos ya olvidados y superados, pero que nos vienen bien en ese momento. Está claro, tengo la razón, mira cuánta injusticia he sufrido, etc. Cuidado, no vaya a ser a veces más injusto traer del pasado acontecimientos ya superados. Esto me recuerda a una frase que les digo siempre a las parejas de novios que se van a casar: «Mirar atrás da tortícolis», para que no empiecen a sacar todos los trapos sucios del pasado y así tener más argumentos en el problema presente.

Alfredo seguía en su plena adolescencia, se fueron mezclando problemas de una y otra índole. Unos más graves que otros, pero lo que estaba claro era lo que, por un lado, sufría él aunque se hiciera el duro y, por otro, lo que sufrían sus seres queridos y en especial su madre. Sin duda, Dios la sostuvo, le dio fuerza, entereza, aguante y esperanza. Siempre me ha recordado a santa Mónica, madre de san Agustín, y las muchas lágrimas que derramó por su hijo[1]. Merecería un capítulo entero, lo que vivió,

---

[1] San Agustín, *Las Confesiones* (BAC 2016), capítulo 9.

que no duró poco, es digno de reconocer y alabar. Si no perdimos a Alfredo, es sin duda gracias a Dios y, por supuesto, gracias a su madre. En uno de esos momentos críticos, le dije a sus padres que me lo enviaran allí donde estaba yo misionando para que viviera esa experiencia. Por supuesto, él estaba animado y yo, mucho más, quería darle un fuerte abrazo y comentar con él varias cosas en persona. Vivió esos días con mucha pasión, entregándose a la labor que nos confiaron, lleno de alegría, hablando con todos y haciendo amigos, parecía otro Alfredo. Este chaval no era ningún problema, al revés, era un chaval que mejoraba al resto, lo buscaban para estar con él y no paraba de ayudar a tantas y tantas personas necesitadas. Quizá fue eso, que se diera cuenta de los verdaderos problemas, de las verdaderas necesidades, de la gente que sufre, que son abandonados, que no tienen a nadie, que viven en la indigencia... y entonces te das cuenta de que estás haciendo el tonto, de que la vida se juega aquí, en las cosas importantes, y de que tú no tienes derecho a quejarte ni a vivir rebotado. Cuando tomas distancia de los problemas, logras ver cosas que antes no podías ver y, entonces, los afrontas mejor para superarlos.

Sin duda, la experiencia de vivir esa semana con todos ellos ayudó mucho a Alfredo. La esperanza de que hubiera cambiado era grande, y después de unos días de descanso en la playa, volvió para su país. Este cambio no duraría mucho en él, me comentaba su madre lo bien que lo veía y lo provechoso que habían sido para él esos días. Hablaba yo también con él, seguía recordando con mucho cariño a todas las personas que había conocido y a las que había ayudado. Parecía un milagro, pero... el tiempo desgasta, el tiempo debilita. A todos nos pasa, tomas una decisión, te propones algo, empiezas, pero poco a poco vas notando el cansancio del esfuerzo y el desgaste de la lucha[2]. Y no nos tiene que desanimar sentir y experimentar esto, al contrario, tiene que ser motivo de crecimiento, motivo de confianza y oportunidad para perseverar. Nadie nos dijo que las cosas serían fáciles, sobre todo, las buenas, las mejores, porque normalmente las malas sí que son fáciles y no cuestan, pero te sientes mal al aceptarlas y sufrir las consecuencias. Suelo decir que, si algo te cuesta en la vida y es difícil, felicidades, sigue, porque seguro que es algo bueno para ti.

Alfredo seguía en su camino demoledor, los problemas volvieron, la gente sufría y su aparente dureza de corazón ejercía de coraza ante tantas personas que buscaban ayudarle. Al menos, a mí siempre me escuchaba, pero el problema es que no hacía caso del todo, mi deseo era que los consejos dados no cayeran en saco roto y los almacenara en su enorme corazón. Porque seguro que llegaría el momento de aplicarlos y así poder salir a flote. Cada vez lo quería más, es curioso, cuanto peor lo hacía y más errores cometía, más quería ayudarle y estar a su lado, más me importaba, más me preocupaba, más me afectaba, más lo quería. Esto le debe pasar también a Dios con nosotros, a los que nos cuesta entenderlo y aceptarlo, pero es así,

---

[2] 2 Co 4, 16.

cuanto más nos alejamos de Él, más se interesa por nosotros, más nos quiere ayudar y proteger, más le importamos, más nos ama. Me ayudaba pensar esto y sacaba fuerzas para seguir. Su madre lo pasó mal, muy mal, sin duda, la que más sufrió y más consuelo necesitaba. Ofrecerle siempre una palabra de ánimo y sobre todo escucharla era lo más importante. He visto la acción directa de Dios en la vida de muchas personas, y en la de ella era muy evidente. Dios jamás se olvidó de ella, jamás se cansó, jamás se rindió... y ella tampoco. Era como he comentado antes, una santa Mónica de tantas que hay en el siglo XXI, y es que acompañar el dolor de una madre por su hijo es conmovedor. Recibes un ejemplo de fuerza, reciedumbre, constancia, confianza y sobre todo amor, enormes.

Alfredo siempre tenía ganas de revelarse, de reventar las normas, de disfrutar sin importarle las consecuencias, de triunfar a cualquier coste, de hacer algo grande, de autoafirmarse en sus ideas, de ser aceptado, de lograr la admiración de los otros... y no aguantaba más. Ese era el gran problema, explotaba y por ello se le complicaban tanto las cosas, faltaba paciencia. Reventaba de muchas maneras, hiriendo a la familia, pisoteando amigos, olvidando el estudio, refugiándose en muchas distracciones como si no hubiera un mañana... explosión tras explosión. Y todo por no dirigir hacia el camino correcto ese potencial que tenía y ese enorme corazón que siempre existió. Parecían varios Alfredos, irreconocible a veces, pero en el fondo era víctima de sí mismo, se boicoteaba, se anulaba, se engañaba. En muchas ocasiones, las palabras no servían de nada, yo tenía que estar, solo estar a su lado, solo rezar por él, solo seguir queriéndolo, y esto no era difícil. El tiempo y Dios se encargarían del resto.

Hay que aprovechar nuestro potencial, hay que dirigirlo al bien, hacia metas verdaderas y fundamentales. Somos capaces de mucho más de lo que pensamos, logramos retos inimaginables, logramos éxitos impensables, todo gracias a que nuestro esfuerzo, lucha y energía vayan bien encaminados. De lo contrario, no solo perdemos oportunidades, sino que nos perdemos a nosotros mismos. No les fallemos a las personas que nos necesitan, no nos rindamos; a veces una palabra, a veces una visita, a veces una llamada, pero siempre, siempre, a su lado. Si las queremos de verdad, no será un problema, si las queremos de verdad, no nos cansaremos[3].

Pronto Alfredo se casará y, por supuesto, yo estaré allí. Será un paso más en esta vida, será una nueva etapa, será también una maravillosa oportunidad para que su futura mujer e hijos disfruten siempre de un corazón tan maravilloso y grande, un corazón lleno de amor, un corazón que siempre ha estado junto a Dios. Sin duda, la paciencia que ha tenido siempre su madre ha sido clave, ha vivido momentos muy difíciles, ha estado al borde de tirar la toalla, sin ella Alfredo no hubiera salido adelante, ha sido lo más parecido a un ángel en la tierra. El día de la boda, no sé lo

---

[3] «Las grandes obras son hechas no con la fuerza, sino con la perseverancia», frase atribuida a Samuel Johnson.

que experimentará acompañando a su hijo al altar, recorriendo lentamente ese pasillo central de la iglesia, bajo la mirada de felicidad de todos los invitados... pero lo que sí sé es lo que yo voy a experimentar viéndolos venir juntos hacia el altar...

10. CONSTANCIA:

«Por favor, no sueltes a mi hijo»

Era una nueva etapa de mi vida, volvía a la ciudad de Barquisimeto después de unos años de misión pastoral. Mi buen amigo Juan Rodrigo me invitó a que conociera la directora de un colegio. Fui emocionado, pues, al parecer, querían que yo continuara el trabajo allí después de la jubilación de mi amigo. Solo puedo decir buenas palabras de la directora, en paz descanse, una mujer entregada a sus alumnos, a las familias y a la evangelización a través del colegio. Y menos mal, porque hoy en día muchos colegios católicos son, lamentablemente, de todo menos católicos, aunque gracias a Dios todavía los hay que son un maravilloso ejemplo.

Los regalos de la vida llegan muchas veces de forma inesperada, te despistas un poco y los pierdes. Es como la frase que escuché tantas veces en el seminario: «teme la gracia de Dios que pasa y no vuelve», aunque hay que reconocer que, gracias a Dios, muchas veces, sí vuelve, Él nunca te da por perdido. Me apasionaba la oportunidad que me daban de poder colaborar con ellos, llevaba muchos años de experiencia con adolescentes y jóvenes, y para mí es un auténtico regalo poder compartir con ellos el camino que apenas van forjando. Alegrías y tristezas, sufrimientos y éxitos, superación y paciencia… acompañarlos en su formación es apasionante y con algunos llegas a crear verdaderos vínculos de amistad. Muchas veces, con quien conectas mejor es con quien menos te lo imaginas, el típico chaval alejado del mundo de la fe que solo con ver a uno vestido de negro y con el cuellito blanco lo convierte en su enemigo, y tú sin saberlo y sin haber hecho nada. Pero este no era el caso.

La directora me tenía mucha confianza, no habíamos podido compartir mucho tiempo, pero la conexión conmigo era grande, siempre me la demostró. Quizá se lo debo a mi amigo, que le debió de hablar muy bien de mí, no lo sé. A mis propuestas se sumaba la primera y autorizaba lo necesario para poderlas llevar a cabo. Ella solo tenía un objetivo: ayudar a sus alumnos y familias. Y esta ayuda pasaba por la experiencia de Dios en cada corazón. De verdad que no he conocido muchas personas tan dedicadas y sacrificadas en su trabajo por los adolescentes y jóvenes. Y mira que es una edad muy poco o nada agradecida. Pero, si no siembras, luego, ¿qué vas a cosechar? Si en este momento de sus vidas tan desordenado y «loco» no apuestas por ellos, no te vuelcas con ellos, no te sacrificas por ellos y, lo más importante, no los quieres, ¿qué pretendes que sean en el futuro? ¿Qué valores inquebrantables tendrán? ¿Qué criterios aplicarán? ¿Qué plenitud les espera? Es por ello que el recuerdo de la directora siempre me ayudará. Fue un auténtico ejemplo de transparencia, tan necesario en otras personas que se dedican a la enseñanza.

Eran las primeras semanas de curso, me avisaron de que, por favor, fuera al despacho de la directora. Al llegar me la encontré a ella junto a una señora, no la conocía. Nos presentamos y la directora me pidió que escuchara a esta señora. Era una madre del colegio, muy agradable y simpática, pero con un dolor grande: sufría por su hijo. Al parecer, no estaba pasando un buen momento, le estaba dando problemas y necesitaba ayuda. Por supuesto, le dije que contara conmigo, que buscaría ayudarla todo lo que pudiera y la animé a ser paciente y confiar. Cuando me dijo quién era su hijo, recordé enseguida a aquel chaval de dieciséis años, llevaba pocas semanas, pero ya lo había tratado, y me sorprendió el gran corazón de Alejo. Es verdad que era un poco «rebeldillo», pero es algo que pasa muchas veces, el corazón grande necesita llenarse con cosas grandes, no se contenta con pequeñeces, y hasta que las va encontrando, comete errores y desajusta sus principios[1]. Los tiene, pero, como digo, están desajustados.

La madre me insistía que, por favor, ayudara a Alejo, la directora —que estimaba mucho a la madre y eran muy

---

[1] 1 R 4, 29.

buenas amigas— también me insistía en que contaban conmigo. Y la verdad es que incluso antes de que me lo pidieran, ya me había fijado en el chaval y sabía que podía ayudarle. La madre, casi desesperada, me miró y me dijo: «Por favor, no sueltes a mi hijo».

Le dije que estuviera tranquila, que yo me encargaba y que no lo soltaría. La verdad es que el que se encargaría de todo sería Dios, a mí me tocaba interceder y pedir por él, acompañarlo y hacerle ver la grandeza de su corazón, buscar que confiara en el bien que podía hacer y que sintiera orgullo y ganas de comprometerse con su futuro. Mi trabajo en el colegio se centraba en celebrar las misas, confesiones y poco a poco me fueron pidiendo más ayuda.

A los pocos meses se organizó una convivencia-retiro para el grupo que recibiría el sacramento de la Confirmación a final de curso. Me invitaron y, obviamente, fui. Es una excelente oportunidad de convivencia con todos, logras que te conozcan más y tú a ellos. Además de las noches de charlas, en las que comentábamos temas interesantes para su edad de los que tenían muchas preguntas y yo aprovechaba para responder y motivar, la actividad estrella fue, sin duda, en el segundo día. Organizamos una vigilia de Adoración al Santísimo acompañada de cantos y reflexiones. Se les ofrecía Confesión para quien quisiera. Después de algunos compañeros, llegó Alejo. Lo confesé, obviamente, es secreto y además que ni me acuerdo de los pecados, pero de lo que sí me acuerdo es de la conexión que hubo. La confianza fue muy grande, la ilusión enorme, las ganas de mirar adelante se palpaba en sus ojos, una vez más, Dios lo había hecho. La fuerza renovadora, misericordiosa y amorosa de Dios a través del sacramento había entrado en el corazón de ese adolescente de dieciséis años, y yo había sido el humilde e indigno instrumento.

El camino que debía recorrer exigía una lucha constante, no era cosa de un día. La perseverancia en los buenos deseos y proyectos era necesaria. Como todo en la vida, no se podía desfallecer ni rendirse. Recuerdo con mucho cariño ese curso, nos fuimos varias veces de «bravas» con el grupo de chavales, es decir, a tomar las típicas patatas bravas con un refresco, aunque esa era la excusa, lo que nos gustaba era compartir buenos momentos de charla, intercambiar opiniones y conocernos. El aprecio por ellos crecía cada día. Como todo en la vida, el grupo se fue reduciendo, no por rechazar, sino porque el ajetreo del día y diversos intereses lo imposibilitaban. Aunque también es cierto que, si hay interés, uno siempre busca la manera de poder organizarse mejor.

Alejo tenía dos muy buenos amigos: Nicolás y José. De hecho, con Nicolás comparto la afición por los aviones, y me alegra decir que a día de hoy es un muy buen piloto comercial. Varias cenas, misas, algunos cacharros... son unos chavales espectaculares, y compartir con ellos aventuras es una pasada. Hasta cogieron el avión para venir a verme en mi anterior destino. Recuerdo la frase de la madre de Alejo… «no sueltes a mi hijo», si es que no hay que hacer ningún esfuerzo, sale solo, cuando conectas de verdad con personas y llegas a quererlas, la palabra «sacrificio» no existe, tampoco las palabras «aburrimiento» ni «cansancio».

Llegamos al final de curso, Alejo lo había logrado y se había graduado. Pero lo más importante, considero yo, no fue el acabar bien el curso y conseguir el objetivo, fue, sin duda, crecer como persona, afrontar los retos, luchar contra las adversidades y con constancia llegar al final. Esta es la lección de vida y el objetivo más grande.

La amistad con él, con Nicolás, con José y otros amigos cercanos sigue. Verles en la universidad, ver cómo logran acabar la carrera y empezar a dar los primeros pasos trabajando es un gran regalo. Aquel chaval que siempre mantuvo su gran corazón, herido muchas veces, pero defendido y protegido por Dios, sigue su camino a paso firme. Su madre también sigue con gran ilusión el camino hacia adelante, además con un nuevo proyecto maravilloso; la constancia en el bien y la virtud no puede desfallecer ni parar. Podemos estar cansados de muchas cosas, pero en el bien nunca debemos rendirnos, siempre se debe buscar y hacer[2].

---

[2] «Si no puedes volar, entonces corre. Si no puedes correr, entonces camina. Si no puedes caminar, entonces arrástrate. Pero sea lo que hagas, sigue moviéndote hacia adelante», frase atribuida a Martin Luther King Jr.

Mi experiencia pastoral en el colegio acabó no sin constatar el cambio de rumbo. Una nueva directora y su equipo empezaron a dirigir el centro de otra manera. Constaté con tristeza que todo el trabajo de años de la antigua directora saltaba por los aires. Las caras habituales de alegría se convirtieron en tristeza, las de ilusión, en desánimo y las de confianza, en distancia. Todo quedó, y sigue, muy enrarecido. Me queda el orgullo y la felicidad de haber puesto mi granito de arena y haber podido ayudar a tantos alumnos, profesores y familias. Tesoros como el de Alejo lo valen todo. Y al final de la vida, todos rendiremos cuentas a Dios, y aunque algunos quisieran, no nos podremos escapar.

11. FORTALEZA:

«Seguridades entre bombas»

Suena la alarma roja, riesgo de impacto por misil... todos chaleco y casco rumbo al *shelter in place,* el lugar en el que refugiarse ante una emergencia. Encontrarte desplegado en una misión internacional de la OTAN es a la vez maravilloso y difícil. Fue mi primera experiencia fuera de territorio nacional como capellán militar. Te emociona el irte y vivir esta aventura, pero una vez allí, te das cuenta de muchas cosas, y sobre todo tienes tiempo para pensar y meditar. Experimentas la vulnerabilidad personal y a la vez la fortaleza que representan los compañeros. Sin duda, Dios se hace presente, para unos, mucho, para otros, algo y para pocos, nada. Esta alarma la tuvimos a la semana de empezar, gracias a Dios no pasó nada, pero la tensión en el cuerpo no te la quita nadie.

Uno de los regalos que te ofrece la misión es, sin duda, los compañeros. Van a ser tu familia bastantes meses, los vas a ver cada día, en casi cada momento, se comparten alegrías y tristezas, sufrimientos y debilidades. La fortaleza del grupo debe ser grande y no es algo fácil. Cada uno tiene su historia, su familia, sus proyectos, sus ideas, sus gustos... pero cada uno tiene al lado a alguien capaz de dar la vida por él, a su compañero. Se palpa la cohesión y fortaleza del grupo.

El tener oportunidades de charlar y compartir experiencias enriquece a cualquiera. Son muchos los momentos de convivencia, como la misa celebrada cada día o la catequesis del grupo que estaba preparando para la Confirmación. La historia de Aarón me conmovió bastante. Había tenido un accidente quedando completamente inmovilizado por mucho tiempo. Tras operaciones y mucha rehabilitación, pudo recuperarse, y prueba de ello es que se encontraba con nosotros en la misión. Pero lo que más me impactó fue la claridad con que veía las cosas, la seguridad con la que hablaba, nunca titubeó, nunca se quejó de lo ocurrido, nunca increpó a nadie, nunca habló mal. Y, por la historia que me había contado, tenía muchas razones para hacerlo. La fortaleza de ese hombre me dio mucha luz, la fuerza de su fe y la fidelidad a su familia eran raíces inamovibles. Es un regalo encontrar personas así, que pudiéndose lamentar, vivir triste y desanimado no lo hace, todo lo contrario, con más ganas que nunca sigue adelante viendo la vida como un regalo de Dios. Si pudiéramos medir la fortaleza de su corazón, nos daría un número altísimo.

Estaba volcado con su responsabilidad, lo veías siempre concentrado haciendo su trabajo, un auténtico ejemplo para sus compañeros. Vino un día a contarme un asunto que le traía intranquilo, no era nada suyo, sino de otra persona, pero a él no le estaba gustando lo que veía. Ver la injusticia y querer actuar sabiendo que se jugaba el ser repatriado estaba siendo su lucha. No lo podía soportar, y es que muchas veces nos pasa: no soportas ver cómo «el malo» gana y nadie hace nada. Te gustaría solucionarlo, pero el riesgo de precipitarte y dejarte llevar solo por el impulso pasional amenaza con cargarse todos tus principios. Esa fortaleza que tenía parecía que podía derrumbarse, sin embargo, después de charlar un rato y ayudarle a valorar el conjunto de los hechos, las causas y posibles consecuencias, se quedó más tranquilo. Supo ayudar de la manera correcta y el problema pudo solucionarse. Esa fortaleza que parecía titubear se mantuvo firme, esa fortaleza podemos decir le salvó, pudo concluir la misión. No te puedes culpar de algo que no has provocado.

Por otro lado, José Alberto era un hombre espectacular, muy comprometido con su trabajo dentro de la misión. Siempre animaba, siempre tenía iniciativas y siempre lo veías sonriendo. Estaba casado y hacía pocos meses había nacido su tercer hijo. Al conocer la realidad de su familia, enseguida me puse a pensar lo difícil que podría ser para él estar separado de su hogar. Poco a poco fui teniendo más confianza con él hasta el punto de que casi cada día íbamos a comer o cenar juntos. Un día le pregunté: «¿Cómo estás?», y él me respondió con una sonrisa: «¡Muy bien, Pater! Aquí entregado a la misión para hacer un buen trabajo». Y rápidamente aprovechó para enseñarme alguna foto de sus hijos... notaba cómo se le caía la baba. La fortaleza de José Alberto era grande y me estaba dando un testimonio maravilloso en aquella situación. No perdía ocasión de hablar de su mujer y sus hijos, preparó con ilusión un viaje para irse todos juntos al acabar la misión. Tenía un trabajo bastante delicado, muy cansado y nunca nadie encontró en él una mala palabra. Supo afrontar con fortaleza su responsabilidad, y mira que tuvo que enfrentarse a algunos, siempre con respeto, defendiendo su área de trabajo y competencias. La gente lo quería, y acudían a él con confianza. Uno de sus secretos era la misa diaria, venía siempre y su encuentro con el Señor le daba fuerzas para seguir adelante. Encontró consuelo, luz, paciencia y amor. Sin duda, esa fortaleza que tenía se alimentaba de la Eucaristía y se convirtió en su mejor aliada. Aprendí mucho con él, aprendí mucho de él.

En una misión internacional también compartes muchos momentos con militares de otros países. Para mí fue un auténtico regalo, aprendí mucho de ellos y mantengo la amistad con algunos. No me quiero olvidar de un grupo de militares de Etiopía. Enseguida conectamos hasta tal punto que íbamos juntos al gimnasio cada día y algún fin de semana quedábamos para cenar y tomar algo. Personas maravillosas, jóvenes ilusionados con sus vidas, ganas de hacer el bien y luchar día a día sin caer en el desánimo. A uno de ellos le llamaban «Toretto», quizá por su gran agilidad y reflejos al volante. Él me iba enseñando los ejercicios en el gimnasio, me hacía de entrenador. Yo también aprovechaba y le enseñaba italiano, iba a ir destinado a una base en Italia y quería aprender.

Compartimos muchos momentos, tenían una fortaleza envidiable. Fortaleza de corazón, fortaleza de saber afrontar los retos de estar lejos de sus familias y entregarse con profesionalidad en sus responsabilidades, que no eran sencillas. Un auténtico lujo estar a su lado esos meses. Vivimos muchas aventuras, todas buenas, y aun siendo de ejércitos diferentes, se notaba la complicidad y hermandad. Cuando uno se rodea de estas personas, se vuelve más fuerte, es capaz de multiplicar la fortaleza de su interior aguantando momentos de dificultad y tristeza. Qué importante es en cualquier ámbito hacer un buen equipo con tus compañeros, sean de estudio, de profesión o de cualquier otra cosa.

Gracias a ellos, mi primera misión fue muy positiva, en especial le agradeceré siempre a «Toretto». Encontrarse con corazones como el suyo es un auténtico privilegio, seguro que siempre será capaz de superar cualquier desafío porque, eso sí, cuando se le metía una cosa en la cabeza, no paraba hasta conseguirla. Pude estar a su lado en algún momento complicado igual que él estuvo a mi lado, lo más normal entre amigos, o así debería ser. Y por cierto, nuestras partidas al billar fueron memorables, traíamos un pique sano, siempre bastante empatados, y todo indica que habrá que volver a jugar en el futuro. Juntos somos más fuertes, solos somos más vulnerables. Me dio mucha pena separarme de ellos, pero la vida sigue, no recuerdas lugares, recuerdas personas. Y ese es el tesoro, la amistad que forjas, la que, sin duda, el tiempo y la distancia nunca romperán.

No puedo olvidar a Paco, ayudó a muchos compañeros sin él darse cuenta. Su ánimo, alegría y bromas contagiaban muy buen ambiente. Si alguien desanimado y triste se cruzaba con él, era la mejor medicina, quedaba curado. Por mi trabajo estuve mucho tiempo con él y, sin duda, me enseñó bastante. Y mira que las cosas religiosas no le convencían, pero era el primero en sumarse a mis iniciativas y además me regaló una bicicleta para poder moverme por la base. Paco era una persona maravillosa, gozaba de una gran fortaleza, había vivido muchas experiencias y todas ellas le habían hecho más fuerte. Tenía la receta: aprender, superarse y entregarse. Estar con él era como tomar vitaminas, me encantaba picarle y lograr que empezara a hacer bromas, no parabas de reírte, y por cierto, siempre le dije de hacer algún vídeo divertido pero me dio largas. La fortaleza de espíritu también entiende de alegrías, de saber pasarlo bien, de reírte incluso de ti mismo, la fortaleza es un reflejo del alma.

He compartido varias experiencias con distintas personas de la misión, todas ellas se convirtieron en seguridades. Gracias a ellas, se cumplió la misión. Porque precisamente la misión está compuesta por personas, corazones, sentimientos, sufrimientos, ideales, ilusiones, alegrías y, obviamente, también por trabajo, responsabilidad, esfuerzo y disciplina. En todo esto encontramos una gran fortaleza, y para el creyente, Dios juega un papel muy importante. Como me dijo una vez un general de división: «Antes que militares, somos personas».

12. DIOS:

«Dios es materia no negociable»

Si te hablo de una estrella de Hollywood y su fe en Dios, ¿qué te parece? Lo que te voy a contar, sin duda, te apasionará, aunque dicen que lo último es lo menos importante. No en este caso, recuerda que gracias al Señor sacaron el mejor vino al final de las bodas de Caná[1]. Pues yo también he dejado el mejor capítulo al final, un capítulo íntegro dedicado a Dios. Siempre a partir de una historia real, como he hecho con el resto de capítulos, aunque también hemos podido palpar la acción de Dios en todos ellos. Disfrutemos del mejor vino, disfrutemos del mejor capítulo, disfrutemos de la maravilla de una vida, la de cada uno, en la que el Señor no ha querido estar ausente. Y mira que muchas veces le hemos dado motivos para que lo haga, al menos hablo por mí, y nunca se ha cansado, siempre ha estado a nuestro lado. Es posible que no hayamos podido darnos cuenta en muchas ocasiones, pero

---

[1] Jn 2, 1-11.

eso no significa que no haya estado. Es como si una sala que tiene sillas, una mesa, un sofá, de repente la dejo a oscuras y te digo que no hay nada, obviamente será una falacia porque las cosas no se han movido, siguen ahí, lo que pasa es que no las ves, y porque no las veas, no significa que hayan desaparecido. Pues bien, con Dios nos pasa muchas veces lo mismo, como no lo vemos, decimos que no está, que me ha abandonado, que se ha olvidado de mí...

Hablar de Dios es lo más sensato que todos podemos hacer en nuestra vida. Se trata de hablar de Alguien que nos acompaña en todos los momentos y lugares, de Alguien que ha pensado en nosotros desde la eternidad y nos ha regalado una vida maravillosa, y me refiero a la eterna. Claro que esta también es bonita, la terrena, pero nada que ver con la eterna. De Dios venimos y a Dios volvemos. Y este y solo este debería ser el único y principal objetivo de nuestra vida: poder volver junto a Dios. «Nos hiciste, Señor, para Ti y nuestro corazón está inquieto hasta que descanse en Ti»[2].

Vamos a la historia, nunca lo hubiera imaginado, pero sucedió, y fue muy bonito. Me contactaron de una productora para ver mi disponibilidad de celebrar cuatro domingos la santa misa. En primer lugar, les invité a que vinieran a la parroquia, pero por una serie de circunstancias, eso no era posible. No me dijeron para quién ni dónde, al parecer

---

2 San Agustín, *Las Confesiones* (BAC 2016), capítulo 1, 1, 1.

era secreto, les respondí que por supuesto, que contaran conmigo, acercar a Dios a las personas es mi prioridad como sacerdote. Y obviamente, si hablamos de los sacramentos, cobra todo mayor importancia, poderle ofrecerle a Dios la oportunidad de entrar en el corazón de sus hijos es mi primera obligación. Yo soy un simple instrumento, el último de todos, y el misterio es que Dios nos sigue confiando esta misión. Las mediaciones siempre han estado presentes en la Revelación; los patriarcas[3] con Abraham[4] como figura clave, Moisés[5], los profetas[6]... llegando a Jesucristo único Mediador[7] entre los hombres y Dios a través de su sacrificio en la Cruz, y en él, nosotros, los sacerdotes. Se alegraron de mi respuesta y quedaron en contactarme en dos semanas para darme detalles.

Pasaron los quince días y me llamaron puntualmente, me explicaron para quién era la misa y dónde. Se trataba de uno de los más famosos actores de Hollywood, y el lugar era uno de los mejores hoteles de la ciudad, frente al mar. Obviamente navegué por internet para saber más del actor, sus películas me encantaban, tiene demasiadas y casi todas de acción, mis preferidas. Y efectivamente era y es muy católico, entendí entonces lo de la misa. La llamada fue a inicios de semana y ese mismo domingo ya teníamos

---

[3] Ex 3, 6.
[4] Gn 18.
[5] Ex 3, 1-10.
[6] Am 3, 7.
[7] 1 Tm 2, 5.

la primera misa. Preparé todo con ilusión, el kit de misa, un altavoz para poner canciones que ayudaran a la celebración, las vestimentas y sobre todo la homilía. El horario era fantástico porque no me impedía atender a la parroquia, así que acabé las dos misas matutinas y me dirigí al hotel.

Pude aparcar en la puerta, sabían de mi llegada y me acompañaron al ascensor para subir a la zona habilitada, habían montado un pequeño oratorio para él. Preparé las cosas del altar, me revestí y a los pocos minutos llegó él. Muy cordial y, sobre todo, agradecido, nos saludamos y organizamos las lecturas de la misa. Le acompañaban tres personas de su confianza. Celebramos la misa, y la verdad es que todo fue muy bien, con mucho fervor y mucha unción. El milagro de la presencia real de Cristo en su Santísimo Cuerpo nos supera, todo un Dios que viene a nuestro encuentro para sellar una vez más la nueva y eterna Alianza con el hombre. Todo por amor y todo con dolor. Ese fue el precio a pagar, la cruz[8], que a partir de Cristo ya no es signo de condena, sino de salvación, ya no es muerte, sino vida, ya no es odio, sino amor, ya no es pecado, sino perdón.

Y la respuesta es sí, él también necesitaba encontrarse con Dios, necesitaba recibir la Eucaristía, necesitaba la fuerza de su Creador, necesitaba luz en su camino, necesitaba la Palabra de la Vida… y es uno de los tres mejores actores de Hollywood, pero primero es hijo de Dios. Como

---

[8] Lc 23.

tú y como yo, Jesucristo dio su vida por él y por ti, de la misma manera, nadie es más importante que otro, todos somos iguales, lo que cambia es nuestra respuesta. Es aquí donde nos lo jugamos todo, cuántas veces se acerca alguien y me dice:

—Pater, es que Dios no me ayuda, solo tengo problemas.

Y yo le pregunto:

—¿Ya se lo has pedido, has rezado para que te ayude, has ido a misa para recibir su fuerza?

Y las respuestas suelen ser…

—Uy no, hace muchos años que no voy a misa y no rezo desde pequeño…

Claro, cómo pretendemos o exigimos que Dios nos ayude si lo tenemos completamente olvidado, si no hacemos nada por estar cerca de él, si podríamos decir que es un auténtico desconocido en nuestras vidas. Pero, por supuesto, nos enfadamos con Él cuando las cosas no van bien, hombre, un poco injustos somos. En la esencia del ser humano está el buscar siempre un culpable, aquello que me pasa y no es justo o el problema que tengo que no lo he buscado ha de tener un culpable fuera de mí y, por supuesto, lo más fácil es que sea Dios, porque, además, ni se queja.

Ver a uno de los actores más reconocidos y famosos del mundo, de rodillas, rezándole a Dios y experimentando el gozo de estar junto a Él es una pasada. Yo aprendí mucho, la verdad, esas cuatro misas que le pude celebrar fueron momentos de profunda espiritualidad, momentos donde compartimos el gozo y orgullo de creer en el Dios del Amor, en un Dios que lo ha dado todo por nosotros, en un Dios que no nos abandona nunca, en un Dios que necesitamos cada día de nuestra vida. El último domingo, al acabar la Eucaristía, nos quedamos charlando un poco, después él iba a grabar y directamente volvía a su país. Conversación muy interesante, y es aquí la razón de ser del título de este capítulo final. Me compartió experiencias de su vida, momentos de felicidad, momentos de lucha y sacrificio, en fin, como todos tenemos. Pero lo que más me impresionó fue lo que me dijo al hablar de su trabajo como actor y otros negocios que tiene. Me comentó que él negocia mucho, negocia contratos, personajes, viajes, negocia también estrategias y modos de implementar sus marcas… pero hay algo que no negocia nunca: Dios. «Dios es materia no negociable», afirmó. Y continuó, ya puede estar grabando en cualquier lugar del mundo, que la productora le ha de poner un sacerdote católico los domingos para celebrar la misa, si no, no firma el contrato, esta cláusula es obligatoria. Y claro, gracias a ella, lo conocí.

Es apasionante ver a cualquier persona tan enamorada de Dios, lo digo con ilusión, porque uno crece en su relación con Dios, es lo que pasa cuando compartes la fe, y eso fue lo que ocurrió ese mes. Alguien podría pensar que la fe de un sacerdote ya es plena, no necesita más, ya está completa, pues no. También la fe de un sacerdote necesita ejemplos, crece con el testimonio, aprende de la virtud, se beneficia de la luz que irradian otras personas viviendo su fe. Y es que nadie puede decir que ya ha llegado al máximo de su fe, que ya no cabe más, que el cupo está completo, para nada. La fe no tiene límite, necesitamos custodiarla, viviéndola con humildad y cariño, practicándola cada día y compartiéndola sin dejar pasar las oportunidades. De pequeño aprendí esta realidad, y por eso cada vez que hago la genuflexión ante el Santísimo, en mi interior exclamo a Dios: «Señor, aumenta mi fe»[9].

Todos encontramos personas que admiramos, que nos irradian luz, que nos hacen sentir bien y palpar de una manera clara la acción de Dios a través de ellas. Son un tesoro para nosotros y ojalá también nosotros lo seamos para ellas. La dimensión comunitaria de la fe católica es muy importante, Jesucristo así nos lo transmite de tantas maneras en el Evangelio, sea con los apóstoles, con los discípulos, con los grupos que acudían a escucharle y también con las personas que encontraba por el camino, no por casualidad.

En fin, espero que estas líneas escritas desde mi humilde experiencia puedan ayudar, es mi único objetivo al aceptar este proyecto de escribir el libro. Ayudarnos unos a otros es clave, nos necesitamos, no para señalarnos con el dedo, sino para cogernos de la mano y caminar juntos. Dios se nos revela a través de nuestro prójimo, y no pode-

---

[9] Lc 17, 5.

mos amar a Dios sin amar a nuestro hermano o herma-na[10]. En definitiva, esta palabra sagrada es la clave para todo; acercarnos con reverencia, tratarlo con confianza, imitarlo con esfuerzo y vivirlo con orgullo: Dios.

La amistad con este hijo de Dios, hermano nuestro en la fe y excelente actor de Hollywood continúa. He podido compartir más momentos con él y estamos muy en contac-to, aprendo mucho y siempre encuentro un fuego en su in-terior maravilloso, es el fuego del Amor de Dios, las ganas de contagiar este Amor, las ganas de querer que todos vi-van esta felicidad y experimenten lo que es un Amor en mayúscula, es, sin duda, lo que guía su camino. Termino el libro recordando la frase que me dijo mi buen amigo para que no se nos olvide nunca: Dios es materia no negociable.

---

[10] 1 Jn 4, 20.